那須雪崩事故の真相

銀嶺の破断

阿部幹雄

山と溪谷社

那須雪崩事故の真相　銀嶺の破断

那須雪崩事故の真相 ◎ もくじ

■用語解説

降雪結晶　雲粒の付着なしに、結晶周辺の水蒸気が直接結晶に昇華凝結して成長し、降り積もった後の積雪中で弱層を形成するタイプの雪の結晶のことをいう。主に層状性の雲から降る降雪である。低気圧が通過するときは、低気圧の進行方向前方の温暖前線に伴う層状雲から降ることが多い。

弱層　積雪内で、上下の層に対し相対的に弱い層をいう。厚さは数ミリから数センチの場合が多い。板状結晶等を含む降雪結晶やあられ、しもざらめ雪、こしもざらめ雪、濡れざらめ雪などが弱層になる。

上載積雪　面発生表層雪崩が発生する際に、発生区の積雪内の弱層の上に積もっている積雪のことをいう。スラブとも言い、柔らかい雪の場合をソフトスラブ、硬い雪の場合ハードスラブと呼ぶ場合がある。弱層の上により多くの雪が降って上載積雪を形成すると、積雪が不安定になり、面発生表層雪崩が起きやすくなる。

心的外傷後ストレス障害（PTSD）　強烈な心的外傷体験をきっかけに、実際の体験から時間が経過した後になっても、フラッシュバックや悪夢、否定的な思考や気力、不眠などの症状が持続する状態をいう。

全層雪崩　積雪の表面から地面までの全層が崩壊して流下する雪崩のことをいう。底雪崩とも呼ばれる。気温が上昇し融雪水が積雪下面に達する春先に多いが、斜面の植生の状態などにより、厳冬期に発生することもある。

南岸低気圧　中国大陸南部や東シナ海で発生し、日本の南海上を東から北東に進む温帯低気圧のことをいう。冬から春先にこの低気圧が発達しながら通過すると、関東地方の平野部でも降雪になることがあり、太平洋側の山岳でも大荒れの天気となる。

破断面　面発生表層雪崩では、雪崩発生の最初の破壊は、発生区の弱層のせん断破壊によって始まり、滑り面が形成される。ある大きさの滑り面ができると、その周縁先端には大きな応力が発生する。上流先端の滑り面上の積雪層には引張応力が発生して引張破壊が生じ、滑り面にほぼ垂直な（上部）破断面が形成される。

板状結晶　雪の結晶は、温度と過飽和度（水蒸気の量）などに応じてさまざまな形となり、広幅六花等、結晶の外形が板状になった結晶のことを板状結晶という。面発生表層雪崩の弱層となる、いわゆる「降雪結晶」のひとつである。

表層雪崩　発生区で、滑り面が積雪のなかにあり、滑り面から下層の積雪を残し、上層部の積雪のみが流下する雪崩のことをいう。

プローブ　雪中を探るための棒で、ゾンデとも呼ばれる。プローブを刺して雪中を探り、埋没者の位置を特定するのに用いる。

防災科学技術研究所　災害から人命を守り、災害に強い社会を目指すなど、防災に関する科学技術の研究を行なう、文部科学省所管の国立研究開発法人。本部は茨城県つくば市にある。

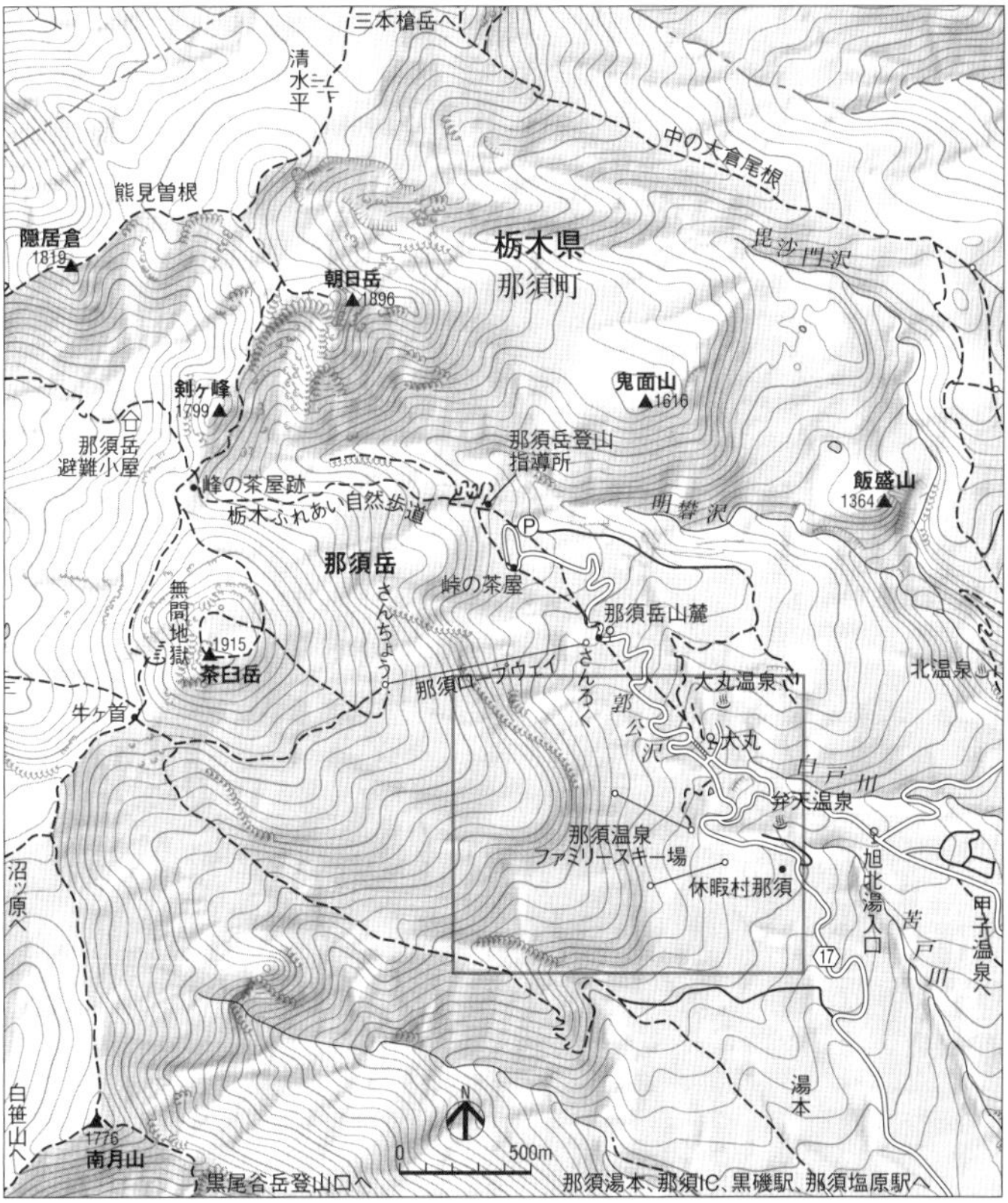

三本槍岳へ
清水平
中の大倉尾根
熊見曽根
隠居倉
1819
栃木県
那須町
毘沙門沢
朝日岳
1896
鬼面山
1616
剣ヶ峰
1799
那須岳避難小屋
那須岳登山指導所
飯盛山
1364
峰の茶屋跡
栃木ふれあい自然歩道
明礬沢
P
那須岳
峠の茶屋
那須岳山麓
無間地獄
さんちょう
さんろく
1915
茶臼岳
那須ロープウェイ
大丸温泉
北温泉
牛ヶ首
郭公沢
大丸
白戸川
弁天温泉
那須温泉ファミリースキー場
旭北湯入口
休暇村那須
甲子温泉へ
沼ッ原へ
苦戸川
17
湯本
白笹山へ
1776
南月山
N
0
500m
黒尾谷岳登山口へ
那須湯本、那須IC、黒磯駅、那須塩原駅へ

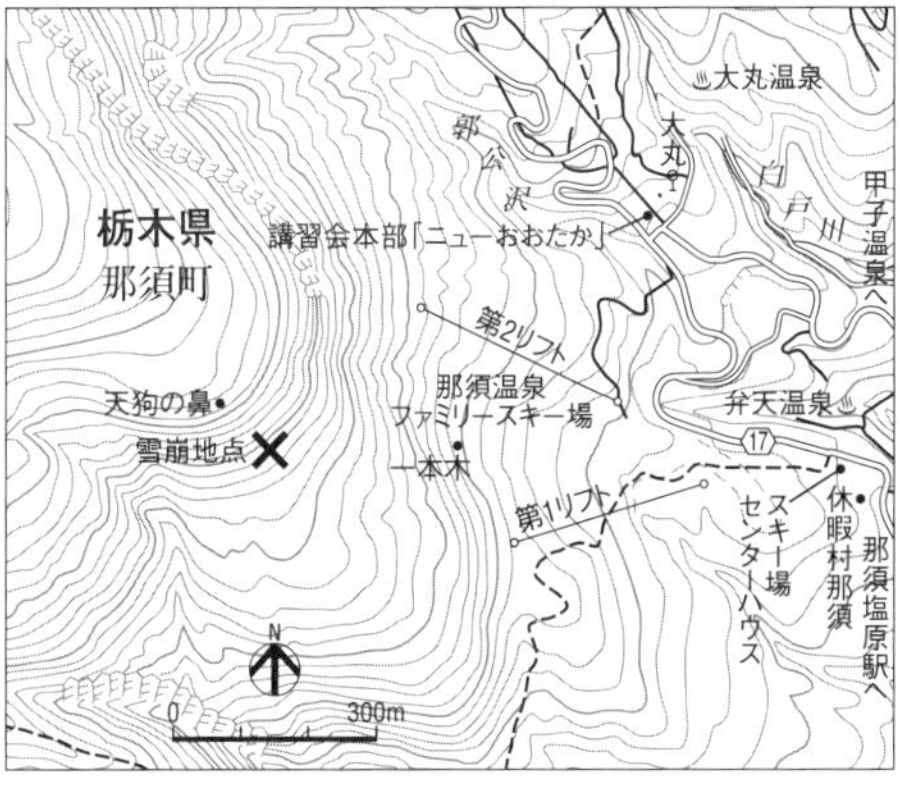

大丸温泉
郭公沢
大丸
白戸川
甲子温泉へ
栃木県
那須町
講習会本部「ニューおおたか」
第2リフト
那須温泉ファミリースキー場
天狗の鼻
弁天温泉
雪崩地点
17
一本木
第1リフト
スキー場センターハウス
休暇村那須
那須塩原駅へ
N
0
300m

はじめに

二〇一七年三月二十七日に発生した那須雪崩事故。栃木県高等学校体育連盟が主催した「春山安全登山講習会」に生徒四十六名、教員十名が参加し、ラッセル訓練を行なっていた。午前八時四十三分頃雪崩が発生し、高校生七名、教員一名の八名が死亡、四十名が負傷した。講習会責任者は記者会見で、「絶対安全と判断した」「一〇〇パーセント雪崩が起こり得ない場所だと思った」と述べている。

この会見を聞いて、私にはたくさんの疑問が芽生えた。

私はミニャ・コンガ（七五五六メートル、中国・四川省）で八名が滑落死した遭難の生き残りだ。一人で下山中、クレバスに墜ち、死を覚悟した。しかし、仲間に救助されて生還。遭難から二十数年、遺体の捜索収容を行なった。遺体を山から下ろし、茶毘《だび》にして骨を拾ってきた。わずか三名だが身元が判明。遺骨を遺族に渡すことができた。

遭難以来ずっと責任を自覚しない者、責任を果たさない者を見てきた。遭難の責任は私にもある。責任の取り方は人さまざまだと思う。

なぜ、ミニャ・コンガで八名が死んだのか。

遭難の事実を伝えることが、生き残った私の責任、使命だと考えている。

山を登る。雪山を滑る。これらの行為は、自己責任において自由に行なうべきものだ。山で死んだら自己責任を果たせない。山における自己責任とは、生きて還ることだ。

雪崩の科学的な知識や捜索救助法、低体温症に関する啓蒙活動を行なう「雪崩事故防止研究会」を一九九一年に設立し、代表を務めている。公益社団法人日本雪氷学会北海道支部が社会貢献事業を行なうために設立した「雪氷災害調査チーム」の初代代表も務めた。このような活動を行なう理由は、雪山を楽しむ人々が生きて還ってほしいと願うからだ。

私は二〇一七年度に活動した調査研究グループ（代表・防災科学技術研究所、上《かみ》石《いし》勲《いさお》）の一員となり、現地調査ならびに生存生徒への聞き取り調査を行なった。

栃木県教育委員会が設置した「検証委員会」は、遭難からわずか七カ月で報告書を公表した。私は、この報告書を高く評価する。検証委員会に敬意を表したい。

しかし、疑問点がある。

なぜ、雪崩の危険性が高い急斜面を登ったのか。なぜ、携帯電話で救助要請をしなかったのか。なぜ、教員たちは埋没者を迅速に発見救助できなかったのか。

真実を知りたいと願う遺族たちは、不満を募らせたままだ。

報告書は「雪崩は自然発生と人為発生という両方の可能性を否定できない」と結論した。生存生徒たちへの聞き取り調査から、私がたどり着いた結論は「雪崩は人為発生の可能性が高い」というものだった。

生存生徒はみんな、心的外傷後ストレス障害（ＰＴＳＤ）に陥っている。「自分たちの雪崩の知識が不足していた」と悔やみ、八名が亡くなった責任は自分たちにあると責めている。私もＰＴＳＤを体験し、彼らの気持ちを非常によく理解できる。私は心が痛む。知識不足の責任、雪崩事故の責任は生徒ではなく教員たちにある。

南極観測隊隊員として三年連続、毎年三カ月間、山岳地帯でテント生活をした。私の任務は一人もケガをさせず、一人も失わないで帰国することだった。南極は死ぬことがいとも簡単な世界だ。自分の命をかけてでも隊員の命を救う覚悟を、私は抱くようになった。

「那須雪崩事故の真相」に迫ろうと思う。

第一章

十四人の隊列

十四人の隊列

二〇一七年三月二十七日午前八時頃、営業を終了している那須温泉ファミリースキー場のセンターハウス前を出発し、ゲレンデから尾根に取り付き、那須岳の主峰茶臼岳（一九一五メートル）東山麓に延びる溶岩台地へ続く真っ白な斜面を、栃木県立大田原《おおたわら》高等学校山岳部の十二名と教員二名、十四名の隊列が、ラッセル訓練のために登っていた。

十四名の隊列の順番は、次のようになっていた。

一番目　死亡　浅井譲《ゆずる》（17歳）、二年生、選手。
二番目　生存　二年生（17歳）、選手。
三番目　死亡　大金実《おおがね》（17歳）、二年生、選手で山岳部部長。
四番目　生存　二年生（17歳）、補欠。
五番目　生存　二年生（17歳）。
六番目　死亡　鏑木《かぶらぎ》悠輔《ゆうすけ》（17歳）、二年生、補欠。
七番目　生存　一年生（16歳）。

八番目　生存　一年生（16歳）。
九番目　死亡　萩原秀知（16歳）、一年生。
十番目　死亡　奥公輝《まさき》（16歳）、一年生。
十一番目　死亡　佐藤宏祐《こうすけ》（16歳）、一年生。
十二番目　死亡　高瀬淳生《あつき》（16歳）、一年生。
十三番目　死亡　毛塚優甫《ゆうすけ》（29歳）、山岳部第三顧問。
十四番目　生存　菅又久雄（48歳）、主任講師、真岡《もおか》高校。
高瀬淳生さんが大田原高校山岳部員の最後尾だ。生徒たちの後ろに教員がいた。
全国高等学校総合体育大会の登山競技に出場するのは、四名の選手と一名の補欠。栃木県内で開催される県予選と新人戦に出場するのは、選手三名と補欠一名だ。六月に行なわれる県予選に出場する選手三名は、学年末のこの時期にすでに決まっていた。補欠として二名が選ばれていた。山岳部員たちは、十年連続して県予選で優勝し、高校総体に出場することを狙っていた。
栃木県高等学校体育連盟が主催する県大会では、登山コースの一区間で荷物を背負って登る時間が競われ、競技得点の二分の一が配分されている。残り二分の一は、天気図作成、地図読み、テント設営などで採点される。そのため、栃木県で行なわれる登山競技で勝つためには、走力・体力が他校より勝っていることが絶対条件とされている。

大田原高校山岳部の選手は体力、とりわけ走力を重視して選考されている。

ふだん、大田原高校山岳部の山行では、先頭に二名の選手、最後尾に部長と選手が位置し、中間に一年生と二年生、選手以外の三年生を織り交ぜて登る。そして、無線機で連絡を取りながら、先頭の二名と最後尾二名が交代していく。ところがなぜか、この日は二年生全員で先頭集団を作り、一年生が後続集団としてまとまっていた。かつて、このような隊列の登り方をしたことはなかった。

二年生六名は、選手三名を先頭集団にしてラッセルし、体力が劣る一年生六名が踏み跡をたどっていた。十三番目に毛塚優甫教諭、十四番目、最後尾に主任講師の菅又久雄教諭がいた。

大田原高校山岳部員十二名と教員二名、十四名の隊列。先頭の生徒から最後尾の教諭までの距離は二〇メートルほどになっていた。

上空から那須の茶臼岳方面を望む。画面中央の平坦なピークが茶臼岳で、その右奥が朝日岳。写真中央下の急斜面で雪崩が起きた。2019年1月撮影

那須温泉ファミリースキー場と雪崩の事故現場を望む。2019年3月撮影

雪崩事故がきっかけで始まった講習会

大田原高校山岳部員たちは、栃木県高体連が主催し登山専門部が主管する「春山安全登山講習会」に参加していた。参加者は、栃木県内の山岳部がある七校の男子五十一名、女子七名、合計五十八名。講師と引率の教員十四名。登山専門部部長は、大田原高校の植木洋一校長。委員長は、大田原高校山岳部顧問の猪瀬修一教諭（50歳）。委員長の下に十六名の専門委員がいて、この中から三名の副委員長が選任されている。

「春山安全登山講習会」は毎年、春休み中の三月下旬に那須岳で開催される。講習会の会長を猪瀬修一登山専門部委員長が務め、講習会全体の責任者になっていた。実技講習を行なう二日目、三日目は本部となる宿舎にいて、生徒たちを直接指導することがない。副会長は菅又久雄副委員長が務めていた。菅又副委員長は、主任講師であり、実技講習の責任者だ。このほか、講師を務める五名の教員がいる。そのなかに前登山専門部委員長の渡辺浩典教諭（54歳、真岡高校山岳部顧問）がいた。

平成二十九年度「春山安全登山講習会」は、三月二十五日から三日間の日程で開催された。

第一日目は、那須塩原市内で開講式を行ない、座学として江本嘉伸氏（元読売新聞編集委員、地平線会議代表世話人）の「山岳部はこんなに得する」という講話が行なわれ、早川大介教諭（宇都宮女子高校）の「国立登山研修所　安全登山普及指導者中央研修会に参加して」という講義が行なわれた。二日目、三日目の実技講習は那須岳の主峰、茶臼岳周辺で行なわれ、生徒と引率教員たちは、那須温泉ファミリースキー場に隣接する小丸《こまる》園地でテント泊をする。座学を終え、生徒と教員たちは標高約一二〇〇メートルのキャンプ地へバスで移動、各校は思い思いの場所にテントを設営した。

講習会本部は、「ニューおおたか」という旅館に置かれた。主である大高登氏（88歳）は、那須山岳救助隊隊長で、那須岳のことを熟知している。「春山安全登山講習会」が那須岳で開催されるようになった昭和四十（一九六五）年以来、ずっと本部が置かれている。

登山専門部が掲げる「春山安全登山講習会」開催の目的は、次の三点だった。

①積雪期登山の正しいあり方を示し、生徒に理解させる。

②安全登山に必要な知識・技術を習得させる。

③春山登山の事故防止に役立てる。

この講習会の始まりは、昭和三十三（一九五八）年五月に開催された「第一回有雪期安全登山講習会」で、栃木県高体連と山岳連盟の共催だった。不定期開催だったが、昭和三十九（一九六四）年三月から、定期的に那須岳で行なわれるようになっている。

なぜ、「安全登山講習会」が始まったのか。昭和二十五（一九五〇）年十二月三十日、谷川岳を登山中の栃木県立佐野高等学校山岳部の十一名が雪崩に巻き込まれ、生徒四名、教員一名、計五名が死亡した。この雪崩事故を反省し、登山知識と技術を向上させ、事故防止を目的に始まっている。五名が死亡する雪崩事故が起きたことをきっかけに始まった「春山安全登山講習会」なのだった。

二〇一七年の講習会

初日に座学を終え、二日目の三月二十六日は班別の雪上訓練が行なわれた。参加した生徒たちは五班に分けられた。

一つの高校の山岳部だけで班を作っているのは、強豪校で部員の多い一班の大田原高校だけだった。二班から五班は、二校の山岳部を合体させて編成されていた。

雪上訓練は、キャンプ地から約一時間ほど遊歩道を登り、標高一五〇〇メートル付近の「峰

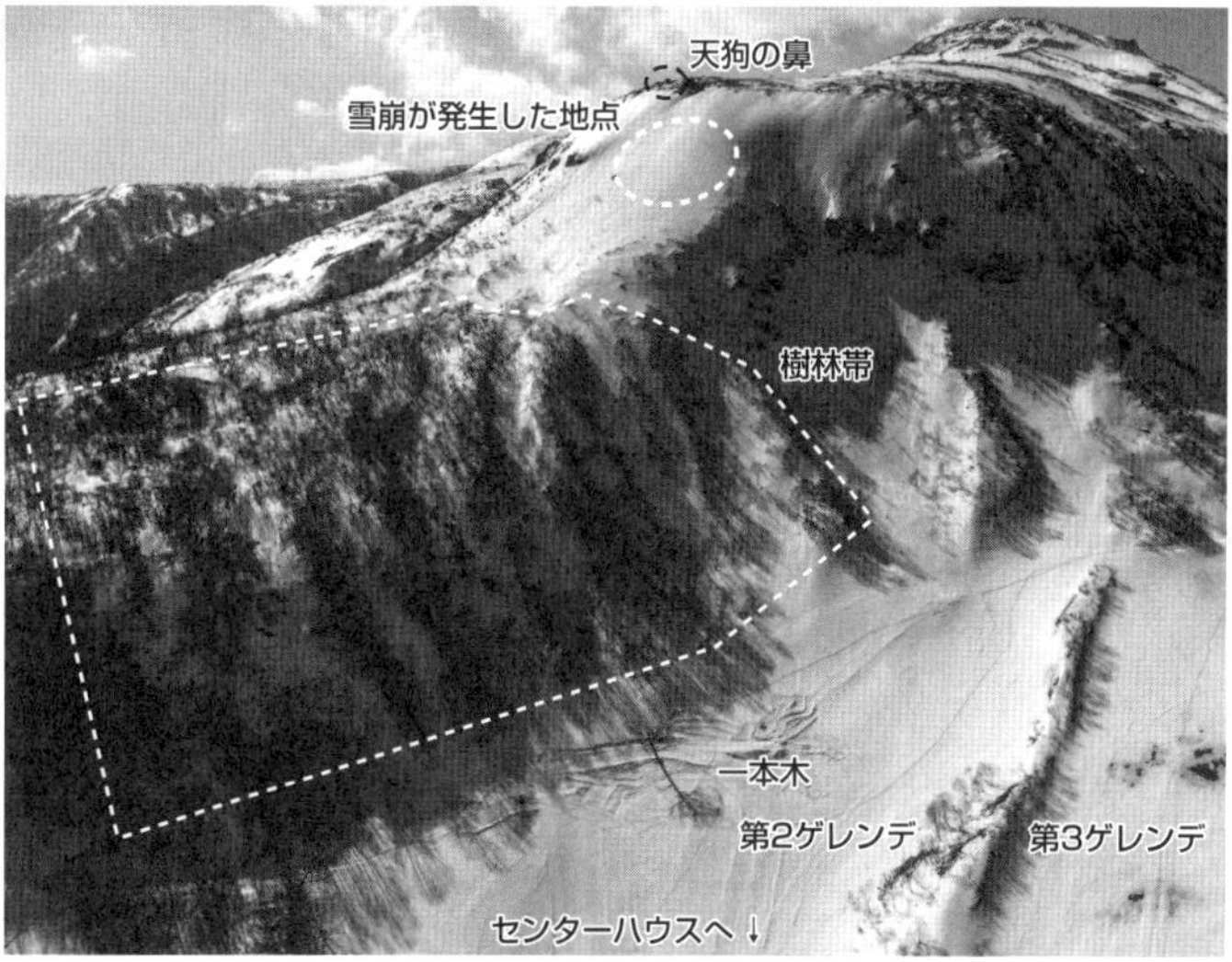

那須温泉ファミリースキー場周辺の写真。一本木から樹林帯を登り、天狗の鼻直下の斜面で雪崩が起きたと思われる。写真提供＝防災科学技術研究所

の茶屋跡」周辺の斜面で行なわれた。

講習の進め方は各班の講師に一任され、講習すべき内容は登山専門部で決めている。各班が必ず行なう講習には、以下のようなものがある。

•用具の使用法（ピッケル、ザイル）

•登下降（キックステップ、滑落停止技術）

•登攀技術（三点支持と基本姿勢、リズムとバランス、固定ザイルの使用法、耐風姿勢）

•そのほか（ウエストロープ装着法、ロープの結び方）

このほか、ハンドテストと呼ばれる弱層テストの方法や雪洞の作り方が講習された。

四月、五月の登山では残雪、夏山登山では雪渓での行動がある。ピッケルを使い登山靴を雪にしっかりと蹴り込んで、キックステップという歩き方で登ったり、下ったりする。沢を徒渉するとき、ロープを張って安全を確保することもある。

山岳部の活動で必要な技術を学ばせ、体験させる。「春山安全登山講習会」には、そのような目的があるという。

茶臼岳登山の中止

三月二十七日は、「春山安全登山講習会」の三日目、最終日だ。計画では、講習の仕上げ、復習として茶臼岳登山を行なうことになっていた。しかし、日本の南岸を北東に進む低気圧の影響で、二十六日夕方から雪が降り始め、二十七日朝までに三〇センチほどの雪が積もった。テントが雪の重みで潰れかかったり、入り口が雪で埋まったりしていた。茶臼岳登山を躊躇《ちゅうちょ》させるほどの大雪だった。だが、降雪は弱まり、風はそれほど強くなく、視界は一キロほどあって、標高一四〇〇メートルあたりまで山は見えていた。

午前六時過ぎ、大雪と悪天が予想されたため、茶臼岳登山を中止することが決定された。代わりに〝ラッセル訓練(歩行訓練)〟を行なうことになった。決定したのは、猪瀬修一登山専門部委員長、菅又久雄主任講師、渡辺浩典前登山専門部委員長の三人だ。

歩行(ラッセル)訓練は、営業が終了している那須温泉ファミリースキー場ゲレンデと隣接する樹林帯で行なうことになった。

計画されていた茶臼岳登山は参加校別に行動することになっていたが、計画変更された歩行

（ラッセル）訓練は、前日の実技講習の班構成のまま行なうことになった。ただし、校務のため山を下りた教員や三日目不参加の生徒がいた。

このラッセル訓練に参加したのは、七校の山岳部部員。男子四十名と女子六名の計四十六名。一班は大田原高校十二名（一、二年生）と講師一名、引率教員一名。二班は十四名で、真岡高校九名（一、二年生）と宇都宮高校五名（二年生）と講師一名、引率教員一名。三班は十一名で、矢板東高校六名（二年生）と那須清峰高校五名（二年生）、講師一名と引率教員二名。四班は十三名で、矢板中央高校五名（一、二年生）と宇都宮高校八名（一年生）と講師一名、引率教員一名。五班は女子六名で、真岡女子高校四名（一年生）と矢板東高校二名（一年生）と講師一名だった。講師と引率の教員は九名だった。

大田原高校山岳部は強豪校なので一班。一班を引率していたのは、主任講師の菅又久雄教諭。菅又教諭は真岡高校の教員で、山岳部顧問。登山歴は三十三年、高校山岳部の顧問歴は十一年だが、栃木県高体連が派遣した海外登山に三度参加し、一九九五年、二十七歳のときにニンチンカンサ峰（中国・チベット自治区、七二〇六メートル）に登頂している。登山専門部でもっとも実力がある教員とみなされていた。大田原高校山岳部は、九年連続で栃木県代表として高校総体に出場している強豪校で、部員たちの体力は他校に比べ、抜きん出て強かった。そのた

事故の２日前、３月25日のキャンプサイトから望む茶臼岳。「天狗の鼻」がよく見える

３月27日のキャンプ地。南岸低気圧の影響で降雪が多く、周囲の様相を一変させていた

め、〝実力がある〟と評される菅又教諭が、講師として指導していた。

菅又教諭と二班講師の渡辺浩典教諭が顧問を務めている真岡高校山岳部は、前年秋の新人戦で優勝。大田原高校山岳部は僅差で破れ、二位だった。十年連続して栃木県大会で優勝し、全国高校総体出場を目指す大田原高校山岳部にとっては、屈辱の敗戦となった。

「真岡高校山岳部は強い。今年は大田原高校山岳部が負ける。インターハイに出場するのは真岡高校だろう」

他校の山岳部顧問の言葉に、部員たちは危機感を募らせていた。最強のライバル校、それが真岡高校だった。

毛塚優甫教諭は教員になって一年目、大田原高校が初任校だ。小学二年生から剣道を始め、中学、高校と剣道部に所属。大学生のとき、三段を取得している。大田原高校に着任すると、剣道部の副顧問に就任するとともに山岳部の第三顧問になり、山岳部の山行に同行していた。登山経験はまったくなく、第三顧問に就任してから、夏休みに南アルプスの白峰《しらね》三山の北岳（三一九三メートル）、間ノ岳（三一八九メートル）、農鳥岳（三〇二六メートル）に登り、富士山（三七七六メートル）にも登った。冬休みには、雪に覆われた日光白根山（二五七八メートル）を登っていた。新年度になれば、剣道部の顧問になることが決まっていて、山岳部第三顧問を辞めることになっていた。この講習会が、山岳部顧問として最後の山行だった。

雪崩発生

二〇一七年三月二十七日午前八時四十三分、雪崩が発生した。

一班の十四名の隊列の先頭から七番目の一年生が、右斜め上二〇～三〇メートル、一時の方向に雪崩が発生するのを目撃した。瞬間的に身をかがめ、手に持っていたピッケルを雪面に刺し、耐風姿勢をとった。しかし、体が一気に雪に飛ばされた。後方に宙返りして倒れ、流され始めた。そのとき、立っているたくさんの人たちの姿が一瞬見えた。そのため、雪崩に流されているのは自分一人だけだと思ったという。木に激突。右足の膝が木に引っかかって止まった。体の上を雪が流れ、全身が完全に埋没した。意識はあった。呼吸もできた。もがけば脱出できるかもしれないと思い、手足をバタバタと動かした。だが、まったく脱出できない。そのうち、手足は自分の意識に関係なくバタバタと動き始めた。じっと待つ方が助かる確率が高いのではないか。

「止まれ、止まれ」

勝手に動く手足に言い聞かせた。幸運にも呼吸することができ、救助されるまで意識を失わなかった。

「凍死するのか……」

と思いながら、雪に埋もれていた。

流されたのは、七番目の一年生一人だけではなかった。

大田原高校山岳部の一班十四名全員が、流されていた。二班の九名。三班の十二名。四班の十三名。合計四十名の生徒と八名の教諭が雪崩に巻き込まれるという大惨事が起きていたのだった。

消防への救助要請まで三十九分経過

二班は、ゲレンデから灌木が生えている斜度三〇～四〇度ほどの尾根状の急斜面を登り、樹林限界付近に達していた。右手から吹く北西風が強まってきたため、二班講師の渡辺浩典(前登山専門部委員長)は下山することを決めた。

「那須岳としては風が弱いから、(尾根上で)ラッセル訓練をすることを決めた。風が強まってきたらラッセル訓練はできない」

と考えたという。

斜面を三班、四班がいる下方向へトラバースしていたとき、雪崩に襲われた。渡辺前委員長は、雪崩に流されて下半身が埋没。上半身は埋まらなかったので、自力脱出できた。無線で講習会本部にいる猪瀬委員長を呼んだ。幾度呼んでも応答がない。

三班と四班は、雪崩に流された渡辺前委員長と二班生徒がいる狭い沢筋の上部に見えていた。叫べば声が届いた。二班生徒にケガ人が出ていたが、全員の確認ができた。三班は一部の生徒が流され、四班は誰も流されていなかった。二班、三班、四班の生徒二十八名、教諭六名の生存は確認された。

一班講師の菅又久雄教諭を無線で呼んでも応答がない。この段階で、一班が雪崩に流されているとは考えなかったという。

女子だけの五班は、生徒六名、講師一名の計七名。女子は全員、ラッセルをするのが初めてだった。そのため、樹林帯に登らずゲレンデにいた。五班の講師は緊迫する無線のやりとりを聞き、センターハウスへと下山した。

二班講師の渡辺前委員長に無線で指示を仰いだ。「大会本部へ行き、猪瀬委員長に雪崩が発生したこと、救助要請するように伝える」ことを指示された。五班講師が、スキー場から十分ほど歩いて本部に到着すると、猪瀬委員長は駐車場に停めた車に荷物を積み込んでいるところだった。

「緊急事態です。雪崩が発生し、生徒が巻き込まれました。救助要請をしてください」

「えっ、どうしたんだ」

猪瀬委員長はすぐに消防と警察へ通報した。午前九時二十二分だ。雪崩発生は午前八時四十三分。発生から、三十九分が経過していた。

ヨーロッパ・アルプスで発生した雪崩事故の統計では、雪崩発生から十八分後で生存率は九三パーセント。三十五分以降では、生存率は約三〇パーセント以下に低下する。生存救出の可能性が高いのは、雪崩発生から十八分以内だ。初期段階で死亡する原因は外傷だ。雪崩による死亡の原因でもっとも多いのが、窒息なのだ。窒息死を免れたいなら、雪に埋まった人間を少しでも早く救出するしかない。十八分以内に掘り出し、呼吸を確保することが、捜索救助の目標値となる。ともかく早く救助すればするほど、生存の可能性が高くなる。

救助隊

午前九時三十三分、那須地区消防本部の救助隊十三名が出動した。

那須山岳救助隊の高根沢修二副隊長（67歳）に大高登隊長から電話がかかってきたのは、午前九時半過ぎのことだった。

「スキー場で雪崩があって、三人くらいが埋まっている」

テレビで春の選抜高校野球大会の試合を見ていた高根沢副隊長は、救助隊連絡網で他の隊員に連絡し、装備、食料、水を準備した。準備は十分ほどで終わった。大高隊長から二度目の電話がかかってきた。

「すぐにスキー場に来い」

高根沢副隊長と一名の隊員が、那須温泉ファミリースキー場へ向かった。那須町の自宅からスキー場まで約三十五分。十時四十分に到着し、センターハウスへ行くと大高隊長がいた。高根沢副隊長は、「スキー場で雪崩」と聞いていたため、「スキー場は営業を終了していたので、スキーのマニアが山に入って雪崩に遭ったのだろう。ゲレンデで人が埋まっているのだったら、すぐに収容できる」という軽い気持ちだったという。

　大高隊長が、言った。

「雪崩が起きたのは、一本木の左の山の中だ。高校生が五十人いる。一本木から左に登れ」

　高根沢副隊長は驚いた。五十人も高校生がいるなど、まったく想像をしていなかったからだ。

「なぜ？」

「なぜ高校生が山に登っている？」

「なぜ、高校生が雪崩に遭遇した？」

　昨日の夕方から那須岳周辺に三〇センチを越える大雪をもたらし、太平洋沖を北上する低気圧は、北関東沖を通過。東北沖へと北上していた。低気圧が通過したので、強風が吹き始めた。那須岳周辺は、強風地帯として名を馳せている。日本海から吹く北西風が朝日連峰を越え、那須岳、特に主峰の茶臼岳に当たると風は南北に分かれ、風速を増す。

　強風が吹き、地吹雪となっていた。約一キロ離れた雪崩現場は見えなかった。センターハウスから五〇〇メートルほど先にある「一本木」は見えていた。「一本木」は、ゲレンデの上部にぽつんと生えている木だ。雪崩に流されたスキーヤーが衝突し、死亡した事故があり、その記憶を留めるためにゲレンデの真ん中に残された木だった。

ゲレンデには膝上ほどの新雪が積もっていた。圧雪車が、「一本木」まで圧雪してくれた。高根沢副隊長ら二名の那須山岳救助隊、消防の救助隊三名、警察官四名、計九名が雪崩現場を目指し、登り始めた。踏み締める雪は、さらさらとしていた。湿った重たい雪ではなかった。登山靴の底に付着することもない。

高校生たちが登った踏み跡は、なにもなかった。高校生たちが二十人、三十人も登ったなら足跡が残るはずだ。だが、斜面はまっさらな雪で覆われていた。登り始めると、さらに天候は悪化していく。横殴りの強風が足跡を消し、視界は二〇メートルほどしかない。救助を待つ高校生たちは、どこにいるのか。救助隊が大声で叫ぶが、風の音にかき消された。

「一本木」から三十分登ると、笛を吹く人が見えた。急いで登っていくと、一五メートルほど上で手を振っている人が見えた。先生らしき人がいた。雪崩事故現場はここに違いない。

午前十一時四十五分、救助隊が到着した。猪瀬委員長が消防に通報してから二時間二十三分後。雪崩発生から三時間二分が過ぎていた。

「ケガをした人が木に寄りかかって、呆然としていましたね。三、四人いました。たぶんケガをして動けなかったんでしょう」

現場を見ると掘り出されたままの状態で、雪の上に横たわっている生徒が三人いた。白い顔をして意識がなく、唇は真っ白だった。外傷はなく出血もない。眠ったような感じだったが、生きていると思えなかった。まわりの雪を払っただけで、体の半分以上が埋もれている生徒たちが見えていた。教員たちが、ピッケルで雪を掘っていた。

「自分のシャベルで早く掘ろう」

救助活動が始まった。

高根沢副隊長は、ザックを背負ったまま掘り出した。雪崩で流れた雪〝デブリ〟はブロック状になり、硬くなることが多い。だが、そこにブロック状の雪はまったくなかった。雪は柔らかくて掘りやすかった。ともかく掘った。雪崩に埋没した高校生を救出しなければならないのだ。

「こちらにも隠れている。ここにも、こっちにも、埋まっていた。一人、二人、三人というふうにどんどん増えていった」

直径一〇メートルくらいの狭い範囲に、五人が埋もれていたのだ。

人の上に人が埋もれていた。埋まっているのは、深くても一六〇センチほどだ。掘っていると、雪の中からうめき声が聞こえ、誰かが叫んだ。

「生きているんじゃないか?」

事故の起きた翌日、雪崩の起きた斜面と那須温泉ファミリースキー場。提供＝防災科学技術研究所

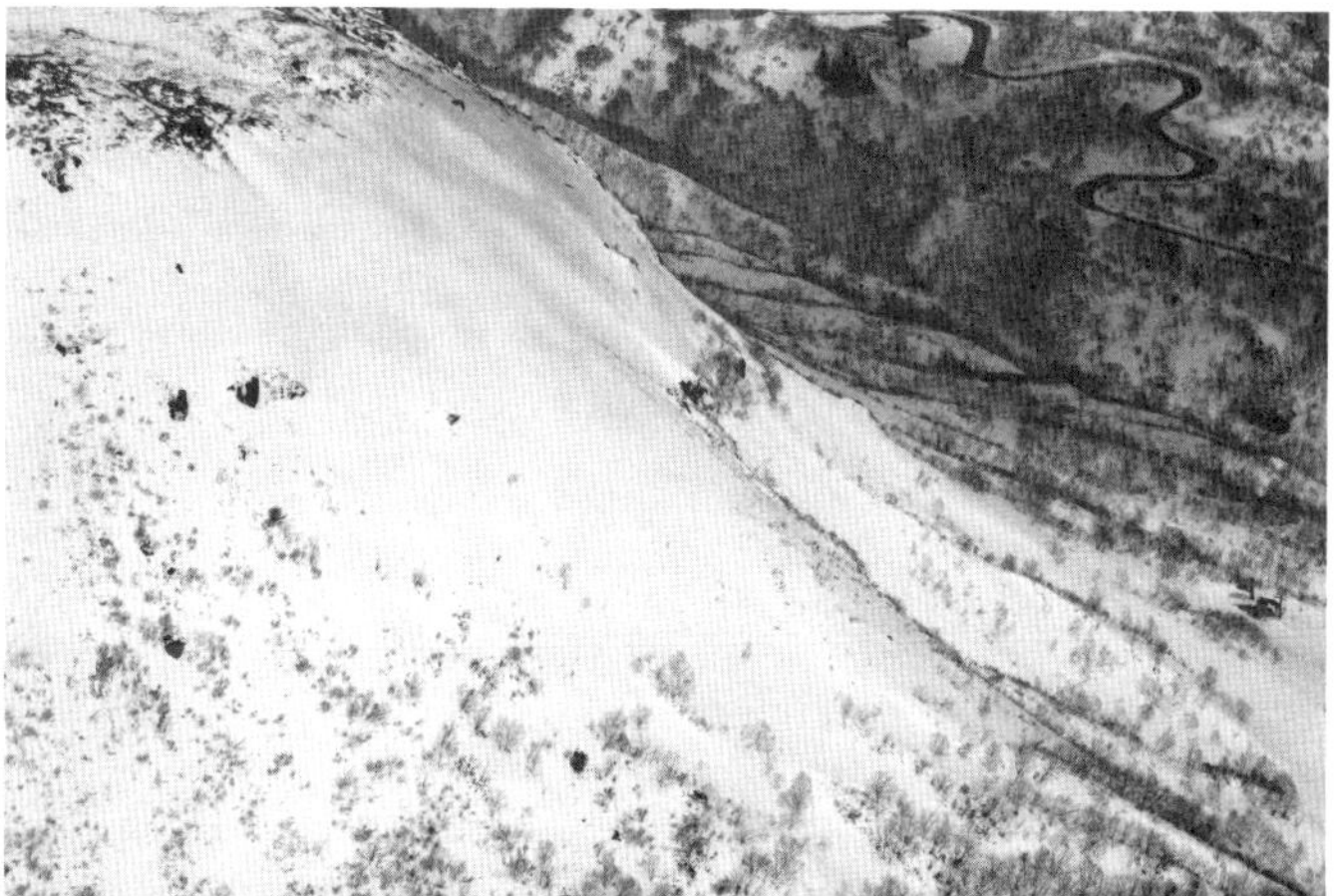

2017年３月28日、雪崩が発生した斜面。毎日新聞社提供

掘ると顔が見えてきた。雪面に横たわっていた三人とは、まったく顔色が違う。生きている人間の顔色だ。

「しっかりしろ」

「おーい」

高根沢副隊長が呼びかける。生徒が眠ってしまうことを恐れた。

「眠っちゃダメだぞー」

両肩を抱き、体を揺すった。

「頑張れ！」

口の中に雪が入っていない。呼吸ができる。窒息しないはずだ。掘っている穴が深くなると、雪が体の上に滑り落ちていく。体をツエルトでくるみ、雪がかからないようにした。

頬《ほほ》を触ると温かい。

「生きている」

「うーん。うーん」

埋まっていた生徒が、うめき声を上げた。深さは一メートルくらいだ。体の向きは上向きで、斜面に対して横向き。頭は南側。手袋が取れかかっていたので、凍傷になったらいけないと、はめようとしたが手は握りしめられ、なかなかはめられなかった。指が広がらないのだ。

後続の消防の救助隊が、次々に到着する。

この生徒を早く下ろそう。ブルーシートにくるみ、雪の上を引きずって下ろすことになった。

この生徒を掘っていると、さらに二人の体が見えてきた。

「掘っているうちに、ここにいる。ここにもいる。足の一部が見える。そういうのがあって、どんどん掘っていったら、最終的に亡くなったのは八人だった」

一班十四名のうち、大田原高校山岳部部員七名と引率教員一名の八名が死亡。負傷者は四十名にもなった。救助隊が救出した生徒は低体温症で二日間意識不明だったが、生還できた。一班で生存したのは、この生徒ら五名と講師の菅又教諭だけだった。菅又教諭は、肺に穴が開く肺気胸になり、肋骨五本を骨折する重症だった。

高根沢修二那須山岳救助隊副隊長は言った。

「地形は、過去にも雪崩が何件も起きている。なぜ、あの天気で、行っちゃったのでしょうね。風、雪を考えたら、行動に疑問が残ります。私なら行かない。本来、入っちゃダメなところじゃないでしょうか。峠の茶屋くらいで止めておけば良かった。峠の茶屋くらいまでなら雪崩の危険がない」

亡くなった大田原高校山岳部の生徒と教員だ。
浅井譲さん（17歳）、二年生。
大金《おおがね》実さん（17歳）、二年生。
鏑木《かぶらぎ》悠輔《ゆうすけ》さん（17歳）、二年生。
荻原秀知さん（16歳）、一年生。
奥公輝《まさき》さん（16歳）、一年生。
佐藤宏祐《こうすけ》さん（16歳）、一年生。
高瀬淳生《あつき》さん（16歳）、一年生。
毛塚優甫《ゆうすけ》さん（29歳）、山岳部第三顧問。
生存救出されたのは、一年生二名、二年生三名、菅又教諭の六名。

一〇〇パーセントの安全

事故の翌日、栃木県庁で高体連登山専門部の記者会見が行なわれた。猪瀬修一委員長が、記者たちの質問に答えた。

1　下野新聞　2017年（平成29年）3月27日（月曜日）

雪崩 6人心肺停止か

下野新聞

号外

那須・スキー場

県内高校生50人、登山講習

不明3人、重傷8人情報

27日午前9時20分ごろ、那須町湯本のスキー場「那須温泉ファミリースキー場」付近で、雪崩が起きたと110番があった。消防に入った連絡によると、春山登山の講習会に参加していた高校生らが巻き込まれ、生徒6人が心肺停止の可能性があるという。ほかに生徒2人と教諭1人が行方不明、重傷者8人がいるとの情報もあり、県警が確認を急いでいる。県は自衛隊に災害派遣を要請。政府は首相官邸の危機管理センターに情報連絡室を設置した。

消防によると、講習会は県高等学校体育連盟が主催した。県立の大田原、那須清峰、矢板東、真岡、真岡女子、宇都宮、私立の矢板中央の計7高校から1～2年生約50人と教諭約10人が参加し、午前7時半ごろから登山を開始したという。

雪崩は営業していないスキー場のゲレンデ上方で発生したとみられる。消防や警察などは、ほかにも巻き込まれた高校生らがいないかを調べている。県高体連は「情報収集中」とした。

那須町や那須塩原署は現地に対策本部を立ち上げ捜索に入った。県警本部によると、現地は降雪のためヘリが飛行できないという。

各校によると、大田原高は山岳部の男子生徒13人が参加し、安否が分かっていない。真岡高は参加人数や安否の確認を急いでいる。

那須清峰高はワンダーフォーゲル部の2年の男子部員4人と顧問2人、矢板東高は山岳部生徒8人と顧問教諭1人の計9人、矢板中央高は山岳部の生徒5人と顧問2人、真岡女子高は1年の生徒4人と顧問1人、宇都宮高は男子生徒13人と顧問1人が参加していたが、無事が確認された。

県内の高校関係者によると、講習会は2泊3日の日程で、生徒らは25日に学科の講習を受けた後、スキー場へ移り、テントで宿泊。26日も春山登山の講習を受け、27日に実技を実施して昼すぎに撤収予定だった。

同スキー場は福島県境近くの那須岳（茶臼岳）山麓にある。地元観光協会によると、スキー場の通常営業は20日に終了したという。

気象庁によると、那須町にある観測点では、27日午前1時現在の積雪は0㌢だったが、午前9時現在は33㌢と一気に積もった。

宇都宮地方気象台は26日午前10時半ごろ、大雪、雪崩、着雪注意報を発表。27日朝までの県北部の山地での24時間降雪量を30㌢と予想し、警戒を呼び掛けていた。

高校生たちが雪崩に巻き込まれた現場付近＝27日午後0時5分、那須町湯本

行方不明になった高校生の救助に向かう隊員たち＝27日午後0時25分、那須町湯本

地元、栃木県の下野新聞は、2017年3月27日、事故を報じる号外を出した

事故の翌日、栃木県庁で登山専門部の記者会見が行なわれた。毎日新聞社提供

記者「訓練のルート、場所の選定が、結果的に間違いだったという認識はありますか？」
猪瀬「スキー場の雪崩が起きやすい地点というのを私たちは認知していましたので、そこに近づかないということで大丈夫だろうと、その場では判断しました。そのときは絶対安全であると判断をして歩行訓練に入ったんですけども、正直こういう形になってしまった。その判断が私としてはこういう事態になってしまったことを、本当に反省しなければいけないというふうに思っています」
記者「ほかの場所で訓練を行なおうという判断はなかったのか？」
猪瀬「ゲレンデを中心とするところだったので、正直、安全であると判断してしまっていると思います」
記者「ラッセル訓練を行なったのは、スキー場ではなく、国有林内ではないのか？」
猪瀬「『スキー場付近で』という認識でやっていまして、そこからのルートというのは、班のなかでとった行動だと思っています。私どもが、雪崩が非常に危険であると認識しているのは、この上の部分です。スキー場のここの部分は、かなり雪崩の可能性が高いので、絶対に近寄らないでという認識です」
記者「訓練をしたところは、安全な場所という認識か？」

猪瀬「そうですね。はい」
記者「一〇〇パーセント雪崩が起こり得ない場所であると?」
猪瀬「はい、一〇〇パーセント」
記者「一〇〇パーセントの安全などあり得ないのではないか?」
猪瀬「確かに一〇〇パーセントの安全というのは考えられないと思いますけど、私たちのなかでは、そこは安全であると判断しなければ、絶対に生徒なんか連れていかない」
　高体連登山専門部委員長、猪瀬修一教諭の「絶対安全」、「一〇〇パーセント安全」という判断。登山において、そんなことは考えられない。登山では一〇〇パーセントの安全を目指すけれど、私たちにできることは危険の確率を下げ、安全率を高めることだけだ。

第二章

消えた痕跡

どんな雪崩かわからない

那須岳で起きた雪崩事故を、三月二十七日の昼のテレビニュースで知った。

「なぜ、悪天なのに高校生たちが雪山へ?」

「雪崩の規模は? 何人が雪崩に巻き込まれた?」

「南岸低気圧接近前に〝降雪結晶〟が降っているはず。雪崩の原因は、降雪結晶の弱層なのか?」

高校生たちの雪崩事故。しかも、犠牲者が多くなりそうだという衝撃の報道。

また、山で人が死ぬ。しかも高校生たちが……。私は雪崩で亡くなる者、遺族のことを考えると暗澹《あんたん》とした気分になり、哀しみとやるせなさを覚えた。

テレビ報道やインターネットで情報を見ていると、次々と疑問が芽生えていく。

この雪崩事故の科学的な調査が必要だ。

私は、日本雪氷学会北海道支部が社会貢献事業を行なうために設立した「雪氷災害調査チーム」の代表を務めている。さらに、雪崩の科学的な知識や捜索救助法、低体温症の啓蒙活動を行なう任意団体「雪崩事故防止研究会」の代表も務めている。

雪氷災害調査チームと雪崩事故防止研究会は、「降雪結晶の弱層」の危険性と「降雪結晶が降るメカニズム」について、この十年間、啓蒙する努力を続けていた。

「雪氷災害調査チームを出動させよう」

栃木県で発生した雪崩事故なので、本州在住のメンバーに出動してもらうことになる。雪氷災害調査チームは研究部門（二十一名）とガイド部門（二十二名）によって構成されている。雪崩事故が発生し、調査対象と判断されれば、すみやかに研究者と山岳ガイドによる調査班が編制され出動する。本州に在住している研究者は四名。全員が、防災科学技術研究所雪氷防災研究センター所属だ。防災科研（つくば市）の中村一樹主任研究員に電話をかけた。

「防災科研が現地調査を行ないます。新庄雪氷環境実験所から二名が、すでに現地へ向かっています。間もなく、私もつくばを出ます」

防災科研の行動は素早かった。

中村一樹は気象と雪氷の専門家。二〇〇七年に設立した雪氷災害調査チーム創設からのメンバーだ。日本気象協会北海道支社の予報課長から、北大地球環境科学研究院に移り、「降雪結晶」を研究テーマにしていた。「降雪結晶」はかつて研究者たちが、あまり注目していない雪だった。二〇〇九年三月、羊蹄山で起きた雪崩事故を調査した中村が、降雪結晶が弱層となって発生した雪崩であると突き止めた。この調査をきっかけに、中村は降雪結晶の研究にのめり込んでいる。

私は、中村に言った。

「もし、雪崩が発生した現場での調査に山岳ガイドが必要なら、北海道から派遣します」

雪氷災害調査チームのガイド部門メンバーは、研究者をサポートして雪崩現場へ登り、安全管理を担う。ときに調査を手伝うこともある。ガイド部門には山岳ガイドと登山家二十二名が所属しているが、そのうち七名が南極観測隊の野外観測支援隊員になっている。山の実力者ぞろいなのだ。ただし、全員が北海道在住だった。

テレビでは、十八時台にニュース番組が放送される。午後、東京のテレビ局報道部の記者から、電話がかかってきた。

若い記者は、雪崩が〝表層雪崩〟なのか〝全層雪崩〟なのかということにこだわっていた。私は雪崩の発生原因は何なのか、どんな〝弱層〟が積雪内部で破壊され雪崩が発生したのか報道してほしいと考えている。南岸低気圧が接近する前に、〝弱層〟になる〝降雪結晶〟が降った可能性が高く、南岸低気圧の通過前後に天候が悪化、降雪量が増え、なおかつ強風により吹き溜まりができる。〝弱層〟の上に積もる雪、〝上載積雪〟が増加すれば、雪崩発生の危険度は高まる。そんな危険な状態の積雪斜面に人が進入すれば、〝弱層〟が破壊され、雪崩が起きる。雪山を楽しむ人たちに、このような雪崩発生のメカニズムを知ってほしいのだ。

表層雪崩か、全層雪崩か。そういった雪崩の分類にこだわるより、雪崩がなぜ起きたのか。科学的な雪崩発生の原因を報道しなければ、事故防止のための知識が社会に広がらない。

テレビ局の記者に、雪崩が発生した正確な場所や〝破断面〟がわかっているか、雪崩の長さと幅を尋ねたが、情報が何もなくわからないという。長さと幅は、雪崩の規模を知るための重要な情報だ。雪崩で崩れて流れた雪〝デブリ〟の堆積範囲、長さと幅を尋ねてもやはりわからないという。現場では、救助が優先されているのだろう。

高校生たちが巻き込まれた那須雪崩事故。私はますます、科学的調査の必要性を痛感したのだった。そして、記者から知らされた死亡者数に衝撃を受けた。

「心肺停止状態になり、病院で治療を受けている高校生もいます。今の段階で死者数は確定していませんが、高校生七名と教諭一名、おそらく死者は八名になる」

電話を切った私は、八名になりそうだという死者数に驚いた。私が中国の高峰で体験した遭難の死者は八名。同じ死者数だった。

ミニャ・コンガ遭難

私は遭難の生き残りだ。一九八一年、北海道山岳連盟ミニャ・コンガ（七五五六メートル、中国・四川省）登山隊の第一次登頂隊十二名は、頂上まであと一〇〇メートルのところで一名の隊員が滑落。登頂を断念し下山中の七名の隊員が、一本のロープに連なって滑落した。滑落は私の眼の前で起きた。現場にひとり残された私は下山中、クレバスに墜ち、死を覚悟したが、仲間に救助され生還できた。

氷河に埋もれた八名の遺体。遺体は氷河とともに流れ下り、すべてばらばらになって収容された。氷漬けのミイラのような遺体もあれば、腐敗した遺体もある。骨になった遺体もあった。

遭難からおよそ二十数年、私は仲間とともに八名の遺体の捜索収容を行なってきた。私は氷河の中を彷徨《さまよ》い、ひとつひとつ遺体を拾い集めていく。遺体をザックに納め、樹林帯まで下ろし茶毘に付す。人間の体が燃える匂い。燃える音。いつもじっと見つめ、丁寧に茶毘に付した。骨を拾う。骨壺に納める。山麓に造った墓に、遺骨を埋葬する。私が生き残った一九八一年五月十日から、ずっと死者と向き合ってきた。私は怒りを覚える。なぜ八名は死な

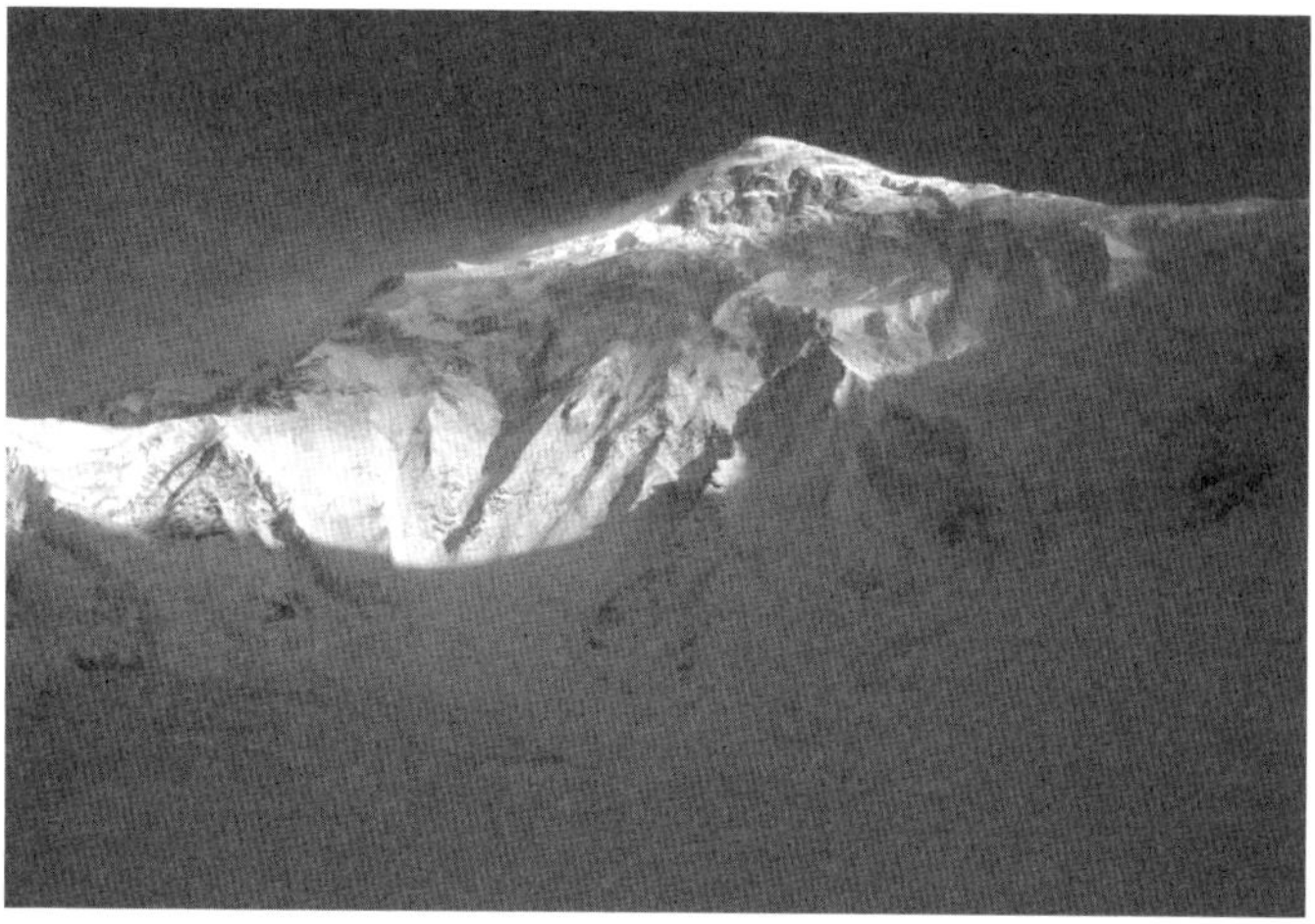

1981年、北海道山岳連盟隊が挑んだミニャ・コンガ。頂上直下で８名の隊員が滑落死した

何年にもわたって遺体を捜索した。1996年、初めて遺体を収容し荼毘に付した

なければならなかったのかと――。

父、母、妻、子どもたち。ずっと彼らの哀しみと苦しみを傍らで見てきた。今までに、身元が判明した三人の遺骨を遺族に手渡すことができた。遺骨を手渡すことにより、いくらか遺族の哀しみを癒《いや》すことができたのかもしれない。

クレバスに墜ち、死を覚悟したけれど、自らの死を顧みず救助してくれた奈良憲司のおかげで生還できた。奈良は高校教諭。山岳部の顧問を長く続け、生徒と山に登っている。遭難から三十一年後、私は奈良に尋ねた。奈良は癌に侵され、余命あとわずかだった。

「なぜ、私を助けたのですか？」

「副隊長という責任ある立場にいる者は、自分の命を犠牲にしてでも隊員の命を救わなければならない」

それが、副隊長としての責任、奈良さんの覚悟だった。

那須雪崩事故で、生き残った生徒たちがいるはずだ。私は二十八歳で遭難を体験したが、彼らは十六歳、十七歳、まだ少年だ。生き残った者は、自分を責める。仲間を救うことができなかった、自分だけが生き残ったと。少年たちは心的外傷後ストレス障害（ＰＴＳＤ）に苦しみ、これからの人生がどんなに辛くなることか。少年たちの人生が、私の人生に重なる。

私は遭難の生き残り。助けられ、今、生きている。少年たちのために役立ちたいと思う。そして、高校生の息子を突然、しかも部活動で失ったご両親の心を慰めることができればと思うのだった。

消えた雪崩の痕跡

翌朝、再び東京のテレビ局の記者から電話がかかってきた。

「取材のヘリを飛ばします。同乗してくれる雪崩の専門家を紹介してください」

那須雪崩事故は、栃木県立大田原高等学校山岳部の七名の生徒と引率の教諭一名、合わせて八名が死亡し、講習会に参加していた四十名が負傷する大惨事になっていた。

防災科研の中村たちは、警察の立ち入り規制が解除されるのを那須温泉ファミリースキー場で待っている。中村と相談するため、電話をかけた。

「消防がドローンを使って現場調査を行なっており、警察のヘリコプターも上空から検証するそうです。そのため現場へ入れない。午前中は、ずっと待機になると思います」

「東京のテレビ局が、取材ヘリに同乗してくれる研究者を探している。誰かいませんか？」

「上石さんが東京にいます。同乗できるかもしれない」

私はすぐ、防災科研雪氷防災研究センター長の上石勲総括主任研究員に電話をかけた。ヘリで上空から見れば、雪崩の全体像が把握できる。雪崩が発生した場所の破断面、雪崩が流れた走路、堆積したデブリ。大きな雪崩であればあるほど、地上の調査では全体像を把握しづらい。私は死者と負傷者の数の多さから、発生した雪崩はかなり規模が大きいのではないかと考えていた。空からの観察が重要なはずだ。現地で待機している中村たちが、今日中に現場に入れるのか目途が立っていない。雪が降り、風が吹けば、雪崩の痕跡は消えていく。雪崩の調査では、発生からなるべく早く現場へ行き、痕跡が消える前に調査することが大切なのだ。

「ヘリに同乗できます」

上石は新潟県上越市出身。雪崩、吹雪、豪雪など雪氷災害の研究者で、コンサルタント会社に勤務していた時代には、数多くの雪崩災害現場の調査を行なっている。防災科研に移ってからも、積極的に現場へ行く姿勢は変わらなかった。

二〇〇七年三月十八日、北海道の積丹岳でスノーモービル愛好者ら十六名が雪崩に巻き込まれ四名が死亡、一名が重症という事故が起きた。発生の翌日、私は北海道警察山岳遭難救助隊に同行して現場へ入った。雪崩の全長約七〇〇メートル、幅約二〇〇メートル。雪崩のデブリ末端は、大量の〝あられ〟に覆われていた。〝あられ〟は丸い雪粒なので転がりやすく、積雪の内部に存在した〝あられ〟が雪崩発生とともに流出し、末端に堆積していたのだ。〝あられ〟は〝弱層〟になる雪質の一つで、危険な雪とされている。道警と自衛隊が行方不明者の捜索を終え、ヘリが飛来した。遺体がヘリに収容される短い時間、私は雪崩現場周辺で積雪断面観察を行ない、〝あられ〟の層を確認した。弱層テストをすると、〝あられ〟の層はいとも簡単に破断した。しかし、私には調査道具も時間もなかった。十分な調査ができなかったことを悔やみながら、積丹岳から下山した。

そのとき偶然、上石が札幌に来ていた。防災科研と北大低温研、北海道教育大が合同調査することになり、雪崩事故防止研究会創設メンバーの樋口和生（北大山岳部ＯＢ、山岳ガイド）と私の二人が、研究者たちに同行し、現場へ行くことになった。

山岳領域で発生した雪崩災害の調査。研究者だけで調査に行くことは困難だ。山岳ガイドや登山家が研究者をサポートすれば、山岳領域での調査が実現できる。調査結果を情報発信すれば、雪崩事故防止に貢献できる。この調査がその年の秋、「雪氷災害調査チーム」発足の契機になったのだ。上石と調査に行った積丹岳の雪崩現場。雪崩研究の歴史に残る調査山行だった。

ヘリ取材から帰ってきた上石から報告を聞いた。

「雪崩の破断面を見つけることができなかった。雪崩のデブリも見つからなかった。雪崩の範囲がわからない」

南岸低気圧通過の影響で強風が吹き、半日で三〇センチを越える降雪が観測されている。上石がヘリから観察しても雪崩の情報は得られず、発生した場所すら特定できなかった。

雪崩発生から二十四時間が過ぎ、雪崩の痕跡は消えていた。

弱層は〝降雪結晶〟

私は、事故現場へ登る中村たち防災科研の三人に期待した。

消防の調査と警察のヘリコプターからの検証が終わるのを待っていた中村たちは、午後から行動を開始した。スキー場のゲレンデから、消防隊員に聞き取った救助活動が行なわれた地点を目指して登った。急斜面を登り、積雪断面観測が可能な、東向きの斜面（標高一三五〇メートル、斜度三五度）にたどり着いた。

中村たちは雪を掘り、積雪断面観測を行なった。積雪深は三〇五センチ。積雪表面から

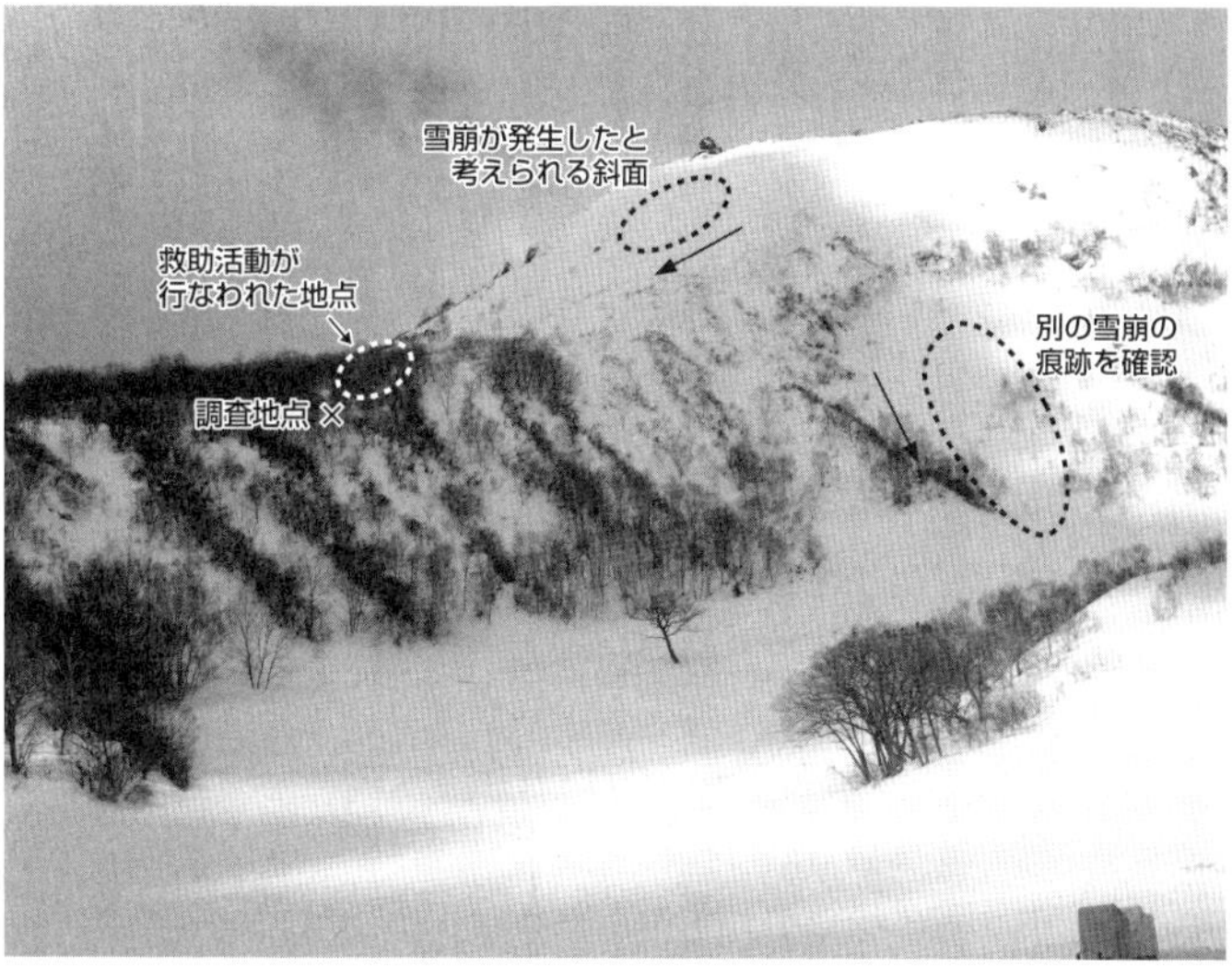

那須温泉ファミリースキー場から望む調査地点（×）。雪崩の痕跡は 2 カ所存在した。写真提供＝防災科学技術研究所

一〇〇センチの深さまでを観測した結果、積雪表面から約一七〜三〇センチ下の新雪・こしまり雪層の中に雲粒《うんりゅう》の付着が少ない降雪結晶の層を発見した。積雪表面から二二〜二五センチ下にある厚さ三センチの層が、降雪結晶の中の〝板状結晶《ばんじょう》〟が多い弱層となっていた。測定すると雪の硬度が低く、密度も小さかった。弱くて、不安定な層だ。私の予想どおり、南岸低気圧が接近する前に降雪結晶が降っていた。中村が、一辺三〇センチ、高さ一〇〇センチの雪柱を作り、手首だけを曲げ、軽く触ると、三センチの厚みの弱層付近を境界にして雪柱は破断した。

この降雪結晶（板状結晶）の弱層の上に、三月下旬としては二十年に一度の大雪となった新雪が積もっていた。

雪崩発生翌日、三月二十八日に事故現場付近で行なった中村たちの観測により、表層雪崩の原因となった弱層は、南岸低気圧接近に伴なう降雪中に、雲粒の付着が少ない板状など、比較的大型の降雪結晶が降って形成されていたことが突き止められた。さらにその後、同じ南岸低気圧がもたらした短時間の強い降雪や吹き溜まりにより、上載積雪が増加した。積雪は、安定性が低い状態になり、表層雪崩が発生した。

これが、中村が推論する雪崩発生のメカニズムだ。

八名が死亡した那須雪崩事故。積雪の中に降雪結晶の弱層が存在していることが突き止めら

弱層テストを行なうと、触るだけで破断して上載積雪が滑り落ちた

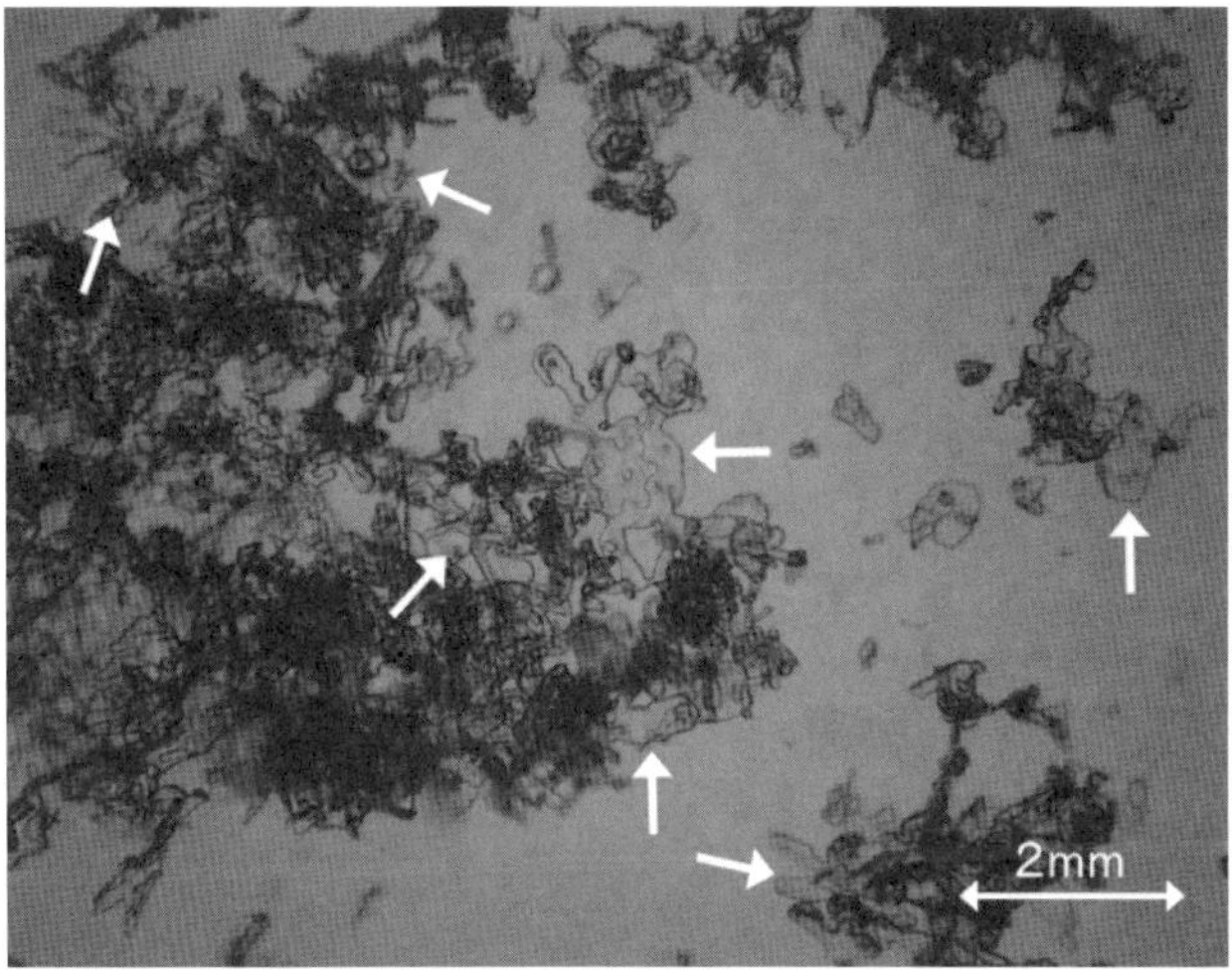

今回の雪崩の原因となった板状結晶。上下とも写真提供＝防災科学技術研究所

れた。しかし、雪崩が発生した場所はどこか、雪崩はどこまで流れたのか。

それは、謎だった。

研究班結成と現地調査

防災科研の上石勲雪氷防災研究センター長が代表者になり、「二〇一七年三月二十七日に栃木県那須町で発生した雪崩災害に関する調査研究」の研究班が組織された。加わった研究者は、三十一名。研究協力者は十一名。予算は、科学研究費補助金（特別研究促進費）が付いた。

研究班代表の上石は、こう述べている。

「雪氷研究者にとって、この事故は非常にショッキングであり、これまでの研究活動のあり方も考えさせられました。自分の子どもが部活動中に事故に遭い、突然二度と会えないという重大さは、ご遺族の心中を考えると誠に胸が痛みます。雪崩をはじめとする雪氷災害を研究する私たちは、なぜ、このような災害を防ぐことができなかったか、四年前に低気圧性の雪崩の危険性をさらに広く周知していなかったことを悔やんでいます。このような雪崩事故を二度と起こさないことを第一の目的として、研究を行なっていく」

後日、科研費の補助が決定後、上石は私に問うた。

「研究協力者として加わってくれませんか」

私は即答した。

「協力させて下さい」

不思議な痕跡

事故から四日後の四月二日。上石ら防災科研の研究者七名が、二回目の現地調査を行なった。調査は、三つの沢筋で行なわれた。

大田原高校山岳部の一班十四名が雪崩に流され、救助活動が行なわれた沢を「主流路の沢」。「主流路の沢」の北側、一班以外の生徒が流された沢を「北側の沢」。「主流路の沢」の南側を「南側の沢」という名称とした。

雪崩の到達範囲を調査するため、「主流路の沢」二カ所で、斜面に対して真横に雪を掘ってトレンチを作り、積雪の断面を観察した。自然に雪が積もっていると、積雪は降った雪ごとに一つの層になり、層が重なった状態、層構造になる。雪崩で崩れ、流れた雪、〝デブリ〟が堆積すると、水平な一つの層とならず断面が乱れる。

そして広範囲にプローブ（雪崩埋没者を捜索するための金属製の折りたたみ式の棒、別称ゾンデ）で、積雪深を測定した。雪崩の衝撃で折れた木の枝も探した。「北側の沢」でピッケル一本、ストック一本の遺留品も発見された。

これらの調査によって、雪崩の流路、デブリが堆積した範囲が明らかになってきた。

しかし、雪崩が発生した場所は依然としてわからない。破断面が見つからないからだ。

この日、積雪深を推定する観測のためドローン（無人飛行機）が飛ばされ、雪面標高が測定された。雪がない時期の航空測量の標高データと、雪面標高データの差を算出すれば、積雪深がわかる。

大量に撮影された測量写真に特殊な処理を施し、一枚の写真ができ上がった。その写真に奇妙なものが写っていた。

標高一四八〇〜一四九〇メートル付近にクラック状の模様が見える。このクラック状の模様は、なんだろう？

「主流路の沢」で掘った上部ピット（標高一四五〇メートル付近）から、「天狗の鼻」下の斜面を撮影した写真にもこのクラック状の模様が写っていた。

無人飛行機で撮影した上空からの写真。クラック状の模様が写っていた

無人飛行機で撮影した高解像度の写真。さまざまな痕跡が写っていた。2017年４月２日撮影。写真提供＝防災科学技術研究所

「破断面」の痕跡なのか。

このクラック状の模様の斜面下方、標高一四一〇〜一四六〇メートル付近に、斜面に対して真横に延びる十本ほどの帯状の縞模様が写っていた。雪崩が発生した三月二十七日朝から翌日にかけ、強風が吹いたため吹き溜まりができ、縞模様が現われている。このような顕著な帯状の縞模様ができていることは、斜面に対し横方向に延びる直線状の段差が生じていることを暗示する。

ここに、地形的な段差があるのだろうか。

帯状の縞模様は、なぜできたのか。

遺留品発見

雪崩発生から二十三日後の四月十九日午前、那須温泉ファミリースキー場の駐車場で防災科研の上石、中村と待ち合わせた。雪崩現場へ調査に行くのだ。積丹岳の雪崩調査から、十年ぶりに上石と山に登る。

センターハウスから、私は初めて雪崩事故現場を眺めた。火山である茶臼岳から南東に溶岩台地が延びている。「天狗の鼻」と呼ばれる巨岩から標高差一一〇メートル、溶岩台地が一気に下っている。三〇〜四〇度くらいの急斜面だろう。雪が残っているのは、「天狗の鼻」直下の急斜面だ。わずかにハイマツや灌木が生え、ほとんどがネマガリダケで覆われていた。斜度が緩やかになると、馬の背のような形状をした尾根になる。若いダケカンバやハンノキが密生している。雪は、沢筋にしか残っていなかった。スキー場には、リフトが二本。スキーコースは、第一、第二、第三ゲレンデの三つ。三コースとも斜度が緩く、初心者向けだ。雪がほとんど溶け、地面が露出していた。ゲレンデの左手、南側は標高差五〇メートルほどの急斜面が、馬の背のような尾根へ続いている。ラッセル訓練のために高校生たちが登ったはずだ。

- 急斜面
- 樹木がない
- 風下斜面

これが、「天狗の鼻」直下の斜面の特徴だ。雪崩の危険性が高い斜面の条件がそろっている。雪崩はいつも起きるわけでないが、登山をする者で雪崩の知識を持っているなら、危険な斜面であることは一目瞭然だろう。どうしてこんな雪崩の危険性が高い斜面を、あんな天気の日にラッセル訓練で登ったのか。私なら登らない。一班講師の判断が不思議でならない。

スキー場なのに、ゲレンデのなかにぽつんと一本のミズナラが立っていた。「一本木」と呼ばれている木だ。死者が出た雪崩事故の記憶を留めるため、あえてスキーコースの中に残された木だという。大田原高校山岳部の生徒たちは、センターハウスから「一本木」に向かい、ラッセルして登っている。

大田原高校山岳部の一班十四名は、「一本木」から、馬の背のような尾根へ登る。

上石も中村も、一班が登ったルートはわからないという。登山をする者として、私は地形を観察した。二つのルートが考えられた。

第一リフト降り場から右へ順番に、沢筋を①、②、③、④、⑤とする。〝一本木〟から斜面を見ると、③と④の沢筋が、登りやすいルートだと思えた。だが④は斜面の中間が急になっていて傾斜が変わり、登りづらそうに見えた。私たちは、③の沢筋を登ることにした。三〇〜四〇度の急斜面を登りながら、上石と中村は、プローブを雪面に刺し、積雪深を測定していく。傾斜をクリノメーターで測る。自然に雪が積もっている場所と、その上に雪崩のデブリが堆積した場所は積雪深が違う。積雪深を測定すれば、デブリが堆積しているかどうかがわかるのだ。こうして、デブリが堆積している範囲を探していった。

③の沢筋が右、北西へほぼ直角に曲がる付近まで登ると、斜度が緩やかになる。沢といって

一本木からは樹林帯を登る５本のルートが考えられる。2017年４月19日撮影

沢が屈曲する部分に、多くの生徒たちが埋没していた

も横幅は一五～二〇メートルほどしかない。八名が死亡しているから、規模が大きな雪崩と考えていた私にとっては意外だった。

「雪崩は、こんな狭い沢筋を流れたのか」

見上げると、木立ち越しに「天狗の鼻」と呼ばれる巨岩が見えた。沢の屈曲点から五〇メートルほどで、ダケカンバやハンノキがまばらとなり、森林限界になっていた。そこからは、斜度三〇度を越える急斜面が広がる。

屈曲点に、直径一〇メートルほどの大きな窪みができていた。周囲の一部が平らになっている。救助した生徒たちを横たわらせたのだろうか。ここが、多くの生徒たちが埋まっていた場所だ。

こんな狭い沢、こんな狭い場所で八人もが亡くなったのか。死者の数から、もっと広い事故現場を想像していた私は驚いた。

木がまばらになる標高一四〇〇メートル付近で、斜面を見上げる。大田原高校山岳部の一班、十四名の隊列は、どこを登ったのか。どこまで登ったのか。どこで雪崩に襲われたのか。

私は、手がかりを探したい。

上石と中村は、プローブで積雪深を測定している。四月二日の調査では、「南側の沢」でデブリの痕跡が見つからなかったという。沢幅は、三〇〜四〇メートル。斜度は一五〜二〇度ほどで緩やかだ。「主流路の沢」に比べると広く、「天狗の鼻」直下で雪崩が発生したら、「南側の沢」が雪崩の主流になりそうに思えた。沢の上部を歩き回ったが、雪面はまったく乱れていない。

南側の沢に、雪崩は流れていない。

北へ向かって斜面をトラバースしていく。「北側の沢」の入り口は狭く、一〇メートルもなかった。そこに一辺三メートルほどの岩があった。

その岩の下の斜面、五メートルほどのところに壊れたストックが落ちていた。遺留品だ。二段伸縮式ストックの下側だった。最新ではなく、古いストックと思えた。生徒はピッケルを使っているはずだ。教員が持っていたのだろうか。

遺留品があったので、「北側の沢」を雪崩が流れたのは間違いない。さらに下ると、サングラスが落ちていた。その五メートルほど下のダケカンバの根元には、ピッケルがあった。これも遺留品だ。やはり、古いピッケルだった。

雪崩はどこまで流れたのか。確認するため、さらに下る。緩やかだった沢の斜度が変化して急になる付近まで下ってみたが、デブリが堆積した痕跡はなかった。私は「主流路の沢」と

「北側の沢」の分岐から、標高差四〇〜五〇メートル、距離一五〇メートルほど下った地点をデブリ末端と判断した。標高は、「主流路の沢」のデブリ末端と同じくらいだろう。

雪解けが進んでいるため、積雪から雪崩が到達した範囲、デブリの堆積区域を全域推定することは不可能だ。雪崩の衝撃で折れた木の枝が、重要な手がかりになる。

上石と中村、私の三人は、「北側の沢」と「主流路の沢」、「南側の沢」で折れた枝を探した。「北側の沢」の折れた木の枝の数は、「主流路の沢」に比べると少なかった。「南側の沢」では、折れた枝は見つからなかった。

この日の調査やそれまでの調査結果から、私たちは、雪崩は「主流路の沢」と「北側の沢」を流れ、「南側の沢」には流れなかったと結論した。

「主流路の沢」の死者は八名。「北側の沢」は、死者ゼロ。このような被害をもたらした雪崩は、どこで発生したのか。一班、二班、三班、四班が登ったルートは、どこなのか。先頭を登っていた一班は、どこまで登ったのか。

すべてが謎だった。

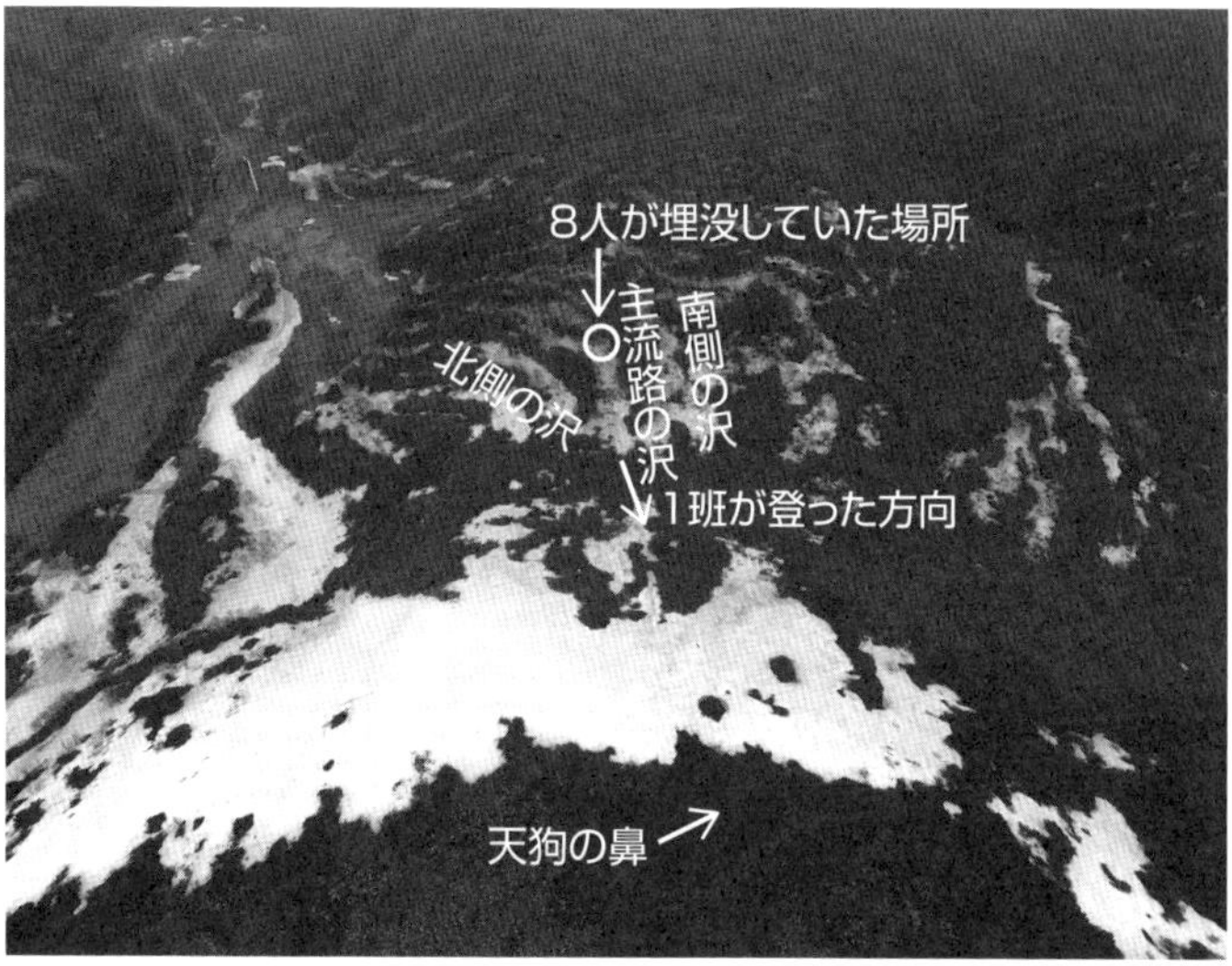

天狗の鼻から下方の斜面を見下ろす。左から北側の沢、主流路の沢、南側の沢が見える

4月19日に北側の沢で発見された、渡辺前委員長のものと思われる壊れたストック（左)。右はピッケル

雪崩運動シミュレーション

西村浩一名古屋大学教授のグループが、雪崩運動シミュレーションによって、雪崩の流下経路や流下速度の推定を試みた。

上石たちはこの時点で、雪崩の発生場所を「天狗の鼻」直下斜面と考えていた。このシミュレーションでも、雪崩発生場所を「天狗の鼻」直下と仮定した。そして雪崩発生時に長径五五メートル、短径四八メートル、厚さ〇・六メートルの楕円柱の積雪が雪崩れたと仮定した。底面摩擦角三〇度、内部摩擦角を二五度に設定。雪崩の流下が開始してから二十秒後の流下範囲の計算結果が得られた。雪崩の平均速度は、一二メートル/秒、時速四三・二キロになった。

この計算結果では、「主流路の沢」と「南側の沢」に流れが集中し、「北側の沢」にはほとんど雪崩が流入しなかった。そのため、実際の雪崩発生場所は、さらに北側（斜面下から見て右側）だった可能性が考えられた。北方向に約一五メートル雪崩発生場所をずらした場合、上石たちの現地調査結果で得られたデブリ堆積域と、ほぼ一致した。

コンピュータで計算した雪崩運動シミュレーション。その結果、雪崩発生場所は、「天狗の

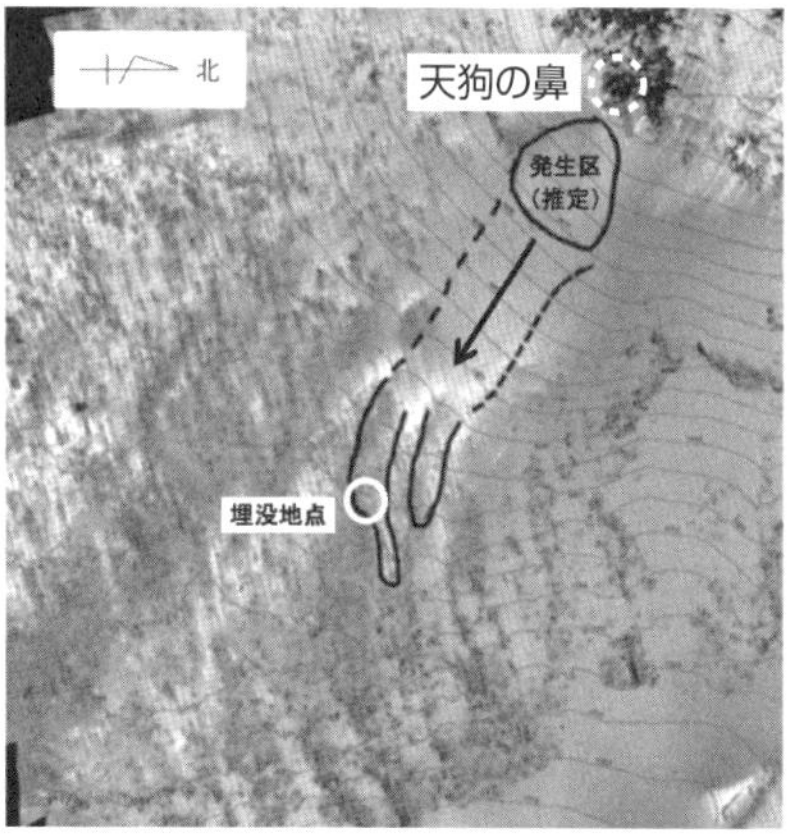

2017年４月、雪崩の流下経路の推定図
写真はすべて防災科学技術研究所提供

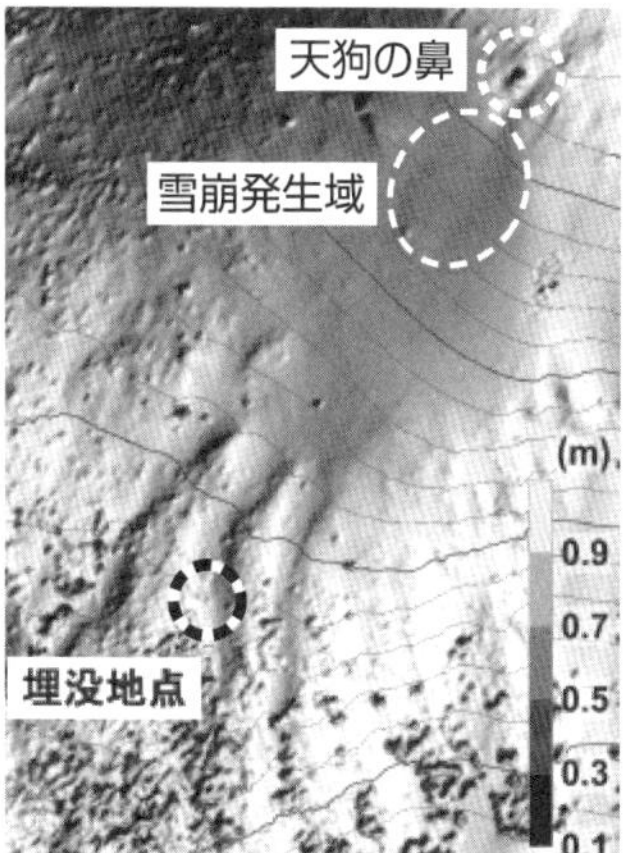

流動シミュレーションの発生域

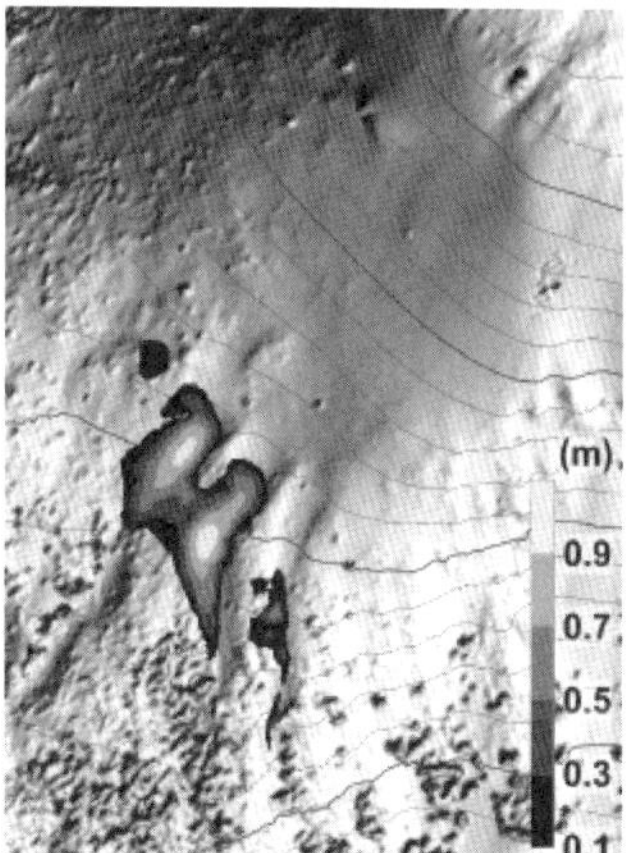

20秒後の雪崩到達範囲

鼻」直下より一五メートル北側寄りということになった。はたして、コンピュータの計算結果は正しいのか。

携帯電話の謎

報道によれば、那須雪崩事故の消防、警察への通報は、本部にしている「ニューおおたか」から、猪瀬修一登山専門部委員長が行なっている。事故現場から無線が通じなかったため、教員がスキー場から「ニューおおたか」まで歩き、雪崩発生を伝えている。

なぜ、携帯電話で通報をしなかったのか。私は、不思議でならない。

現地調査を行なった場所では、携帯の電波状態は良く、アンテナマークは三本だった。スキー場付近には、携帯電話の中継基地があることも確認できた。電波状態が悪いから、携帯電話で通報できなかったということはありえない。

これもまた、非常に不思議な謎だった。

栃木県教育委員会は四月、那須雪崩事故を調査する検証委員会を発足させた。報告書を事故発生から七カ月後の十月に出すという。検証委員会は、「春山安全登山講習会」に参加した生徒全員、教諭全員の聞き取り調査を行なう。報告書が出されれば、多くのことがわかるだろう。
それまで私たちは、生徒と教諭への聞き取り調査を控えることにした。

【解説　雪氷災害調査チーム】

公益社団法人日本雪氷学会北海道支部では、二〇〇七年度より「雪氷災害調査チーム」を結成し、社会的影響の大きな豪雪災害や人命に関わる雪崩災害について科学的な調査を行ない、記録にとどめ、広く一般に情報を公開する社会貢献活動を行なっている。初代代表は阿部幹雄。現代表は、立本明広（山岳ガイド）。調査チームは研究部門（二十一名）とガイド部門（二十二名）によって構成され、雪崩事故が発生すると、すみやかに研究者と山岳ガイドによる調査班が編制され、出動する。当事者や救助に関わった人たちの聞き取り調査も行なっている。雪崩および雪崩事故に至った実態を分析した結果は、ホームページで公開し、スキーヤーやスノーボーダー、登山者などを対象とした講演会を開催。雪崩事故への注意を喚起し、科学的な知識を啓発する活動を行なっている。北海道警察地域企画課とは、情報提供の覚え書きを交わし、相互に情報交換を行なっている。調査チームの活動は、企業からの寄付金によって支えられている。

山と溪谷社から『山岳雪崩大全』（二〇一五年）、『雪崩教本』（二〇一七年）を出版している。

【解説　雪崩事故防止研究会】

北海道大学の山スキー部、山岳部、ワンダーフォーゲル部で培われてきた学生たちの雪崩研究と、低温科学研究所で培われてきた雪崩研究を礎にして、雪崩の科学的な知識の啓蒙、雪崩埋没者の生存救出を実現する雪崩対策装備や救助法、低体温症に関する知識の普及を目的として、一九九一年に設立された任意団体。

代表は、阿部幹雄（山スキー部ＯＢ）。会員は研究者、山岳ガイド、登山家、スキーヤーなどだ。毎年、雪山を楽しむ人々や公的救助機関など、雪山に関わる人々を対象として、「雪崩事故防止セミナー」や講演会「雪崩から身を守るために」を開催している。雪崩のことを学ぶ教科書として、山と溪谷社から『最新雪崩学入門』（一九九六年）、『決定版雪崩学』（二〇〇二年）、『雪崩教本』（二〇一七年）を出版している。

【解説　ミニャ・コンガ遭難】

一九八〇年、北海道山岳連盟は、外国人に開放されたばかりの中国、四川省横断山脈の主峰ミニャ・コンガ（七五五六メートル）の登山許可を取得した。同年秋に偵察隊がミニャ・コンガ南側と東側の氷河を踏査し、未踏の北東稜から頂上を目指すことを決定した。隊員は全道の山岳団体から公募され、総隊長以下二十六名の登山隊が編成された。五つのキャンプを設営し、第一次登頂隊四名が登頂を目指す。条件が整えば、可能な限り多くの隊員を登頂させる登山計画が決まっていた。ところが、ベースキャンプに到着すると隊長は全員登頂を主張。高所登山のセオリーを無視する登山が進んでいった。五月十日、奈良憲司副隊長をリーダーとした第一次登頂隊十二名が第五キャンプ（六六八〇メートル）を出発。頂上まであと一〇〇メートルの地点で一名の隊員が滑落したため、登頂を断念。下山していた七名の隊員が、一本のロープに連なって滑落した。登山隊は、遺体を収容することなく帰国した。

遭難の原因は、高所順応の失敗と安全管理が不十分な登山計画にあった。

一九九五年から、奈良憲司、阿部幹雄ら元隊員たちによって遺体の捜索収容が行なわれ、一九九六年に一名の遺体を収容した。二〇〇七年までに四度の遺体の捜索収容が行なわれている。収容された遺体は、現地で荼毘に付され、山麓に造られた墓に埋葬されている。身元が判明した三名の隊員の遺骨は、遺族に手渡された。

第三章

真実を知りたい

高瀬淳生《あつき》さん

那須雪崩事故の犠牲者、高瀬淳生《あつき》さん、十六歳。栃木県立大田原高等学校一年、山岳部員だった。私は事故から一年が過ぎた二〇一八年四月、初めて高瀬晶子さんの自宅を訪ねた。

祭壇には、骨壺が祀られていた。

母、晶子さん（52歳）は、子どもの遺骨を墓に納めず、傍らでいつまでも見守りたいと思っているのだろう。私はミニャ・コンガの三遺族に遺骨を渡している。ある老夫婦は、一人息子の遺骨を十五年間、自宅の仏壇に祀っていた。一人息子の遺骨を墓に納めることができず、毎日、遺骨と向き合い、祈っていた。老父が亡くなり、一人息子の遺骨といっしょに墓に納められた。

祭壇の周囲には、たくさんの想い出の写真や品々が飾られている。

淳生さんの自画像が飾られていた。

「淳生が中学三年生のときに描いた自画像です。お友達がこの自画像を見ると〝淳生だね〟って言う。本当にこういう表情をするんです」

中学3年生のときに描いた高瀬淳生さんの自画像

晶子さんが語ってくれた。

「どんなお子さんでしたか？」

「淳生が三歳のとき、牛になりたいって言うんです。なぜ？　と聞いたら〝牛乳が大好きだから〟。その次の夢は、〝大工さんになりたい〟。物を作るのが大好きだった。廃品を置いておけば、お兄ちゃんとずーっと二人で遊んでいる。小学校一年生のときに本棚を作りました。鋸を使うのが巧い子どもでした。一つのことを突き詰めて考えていくのが大好きだったから、大工さんの次の夢は〝科学者〟。納得いくまでやり通す子どもだったんです。私と高校教諭だった夫は子どもの後ろを歩く、後ろからついていくようにして淳生と兄、二人を育てていました。いろいろなことで、親が先回りしないという物理的なことだけでなく、自主性を育てたかったんです。例えば、幼稚園は家のすぐ近くでした。淳生は、家から歩いて五分くらいの道を三十分、一時間かけて通っていました」

父の死

「子どもの頃から山登りをしていたのですか？」

淳生さん5歳、七五三のときの記念写真

「山好きな叔父がいて、淳生が小学生の頃から山に連れていってくれていました。小学校の二年生のとき、夫が癌であることがわかりました。日光男体山のお山開きに三年連続で登ると、願いが叶うと言われています。淳生が小学三年生のときに、初めて叔父に連れられて男体山に登りました。父の病気の治癒と科学者になることを願っていたのだろうと思います。夫は、淳生が五年生のときに亡くなりました。それから、何もできなくなってしまったんです。食事もやっと食べる。お風呂に入るのもやっと。宿題やるのもやっと。〝息が苦しい、息が苦しい〟って言うんです。過呼吸が始まって、そういう体調不良を訴えて学校に行っていた。今までだったら、学校から家に帰ってくると、いちばんに宿題をちゃちゃっとやって、自分のやりたいこと、好きなことに没頭している毎日でした。そういうことが一切できなくなって、私は淳生が引きこもってしまうのではないかと思うほどでした。凄いダメージを受けていて、勉強もしない。大好きなピアノにも触らない。いっさい、何もやらない。そのまま中学校にあがりました。私はどう思っていたかというと、淳生が心身ともに健康になってくれるだけで良い。楽しく学校に通えるようになったら、二重丸だと思っていました」

四国遍路

「そんな状態は、いつまで続いたのですか?」

「中学校の三年間は、立ち直るための三年間で、趣味の三年間だったんです。夫は野球、私はバレーボールを中学、高校の部活でやっていました。夫も私も背が高かったので、兄はバスケットボール。家にバスケットボールがあったから、家の前でよくドリブルをしていました。淳生もやるけど全然、兄にかなわない。自分にはバスケットボールの才能がないとわかって、中学ではバレーボール部に入りました。友達にバスケに入ろう、バレーに入ろうと熱心に誘われていました。誘ってくれた友達に感謝です。バレーボール部が楽しくて楽しくて、学校へ行っていました。中学に入ったときは身長が一七〇センチあるか、ないかくらい。卒業するときは一八〇センチちょっとあったんです。たぶん亡くなったときは、一八五センチくらいあったかなと思う。せっかく背が高いんだから、雪崩のとき、こういうふうに、こうやって、こうやって両手を伸ばして、手でもなんでもリーチがあるんだから、こうやって、こうやって……」

晶子さんは両手を高く伸ばし、雪の中から這い出る動きを見せた。そうすれば、淳生さんが助かったかもしれない。

「そんなの無理だって、彼は天国で笑っていますよね」

「中学の三年間は、趣味の三年間とおっしゃってましたけど、ほかには何を？」

「バレーボール、それしかしなくて最低限のことしかできなかった。だから、ちょっとでも興味を持ってくれて、何でもやってくれればオーケーって。あんなに大好きだったピアノは、きっかけがあって一年生の途中から弾くようになりました。淳生は、ピアノが大好きだったので止めたくなかった。週に一回は練習に通っていたけど、家でいっさいピアノの練習をしないんです。教室の先生は小さいときから教えて下さっているので、よくわかってくれるので、〃いいよ〃って。本来だったら、課題が出されて家で一生懸命練習をして、それをみていただくのがピアノ教室なんだけど、ピアノ教室へ行ってピアノに触って帰ってくる。そういうピアノ教室の通い方。また、ピアノを弾けるようになってきたんです。中学時代にやっていたことは、バレーボールをすること。ラジオを聞くこと。ピアノを弾くこと。あと自転車。彼は、自転車が大好きでした。自転車のレースを観戦に行ったり、自分で自転車に乗ったり」

「ドロップハンドルのロードバイクに乗っていたんですか？」

「ロードバイクは高いし、危ないし、買い与えていないです。普通のママチャリで」

ピアノが大好きだった淳生さん。母親の晶子さんと発表会で連弾することもあった

「ほかに何か、趣味はありましたか？」

「好きな雑誌を読んでいました。『子供の科学』とか『ニュートン』が好きでした」

「夫が亡くなるまでは何にでも興味があって、自分の興味があるものには、納得いくまでやり通す子でした。彼が急に、お遍路に行きたいと言い出したんです」

「お遍路？　四国八十八ヶ所のお寺を歩いて回る？」

「そうです。中学生のとき、一回しか行けなかったけど、祖母と私と彼の三人で行きました」

「お遍路をしたいという理由は？」

「父親のことでしょうね。それしか思い浮かばない」

「中学生でお遍路をしたいって、どんな気持ちなんだろう」

「でもそういう子だったんです。すごくいろいろ考える子だった。徳島県の一番札所《ふだしょ》霊山寺から札所巡りを始めて、一週間歩きました。荷物を担いで歩くんですけど、全部、自分で背負って、一生懸命けっこうな距離を歩いていました。私なんかはもうダメというときも、彼はスタスタスタスタ行ってしまう。私や母なんかはタクシーを使っちゃうとか、それこそお接待で車に乗せてもらったりしていました。でも彼は、全部歩きたいという希望で、歩き通していました。でもね、凄く楽しかったと思います。けっこう遍路道は異文化で、気がついたらドイツ人の男性、韓国人の女性と三人で彼は歩いていましたから、とてもインターナショナル。だから いろんなことに触れることができたと思います」

「私は四国の松山出身なんです。生家の前は遍路道でした。春になるとすげ笠、白衣《はくえ》、手甲脚絆姿で、首から白い布製の札ばさみをかけているお遍路さんが行き交うんです。家の前で鈴《りん》を鳴らしながら、経を唱える。お遍路さんのすげ笠、金剛杖には〝同行《どうぎょう》二人《ににん》〟と書いてある。弘法大師、お大師様といっしょにお遍路をしているという意味。だから、お遍路さんにお接待をしないといけないというのが、四国の文化なんです。母は、お遍路さんを粗末にしたら、お大師様の罰が当たるといつも言ってました。私は、母から渡されたお米やお金を、お遍路さんにあげていました。お遍路さんは、受け取ると札ばさみに入れて立ち去る。子ども心に、お遍路さんは何か不幸、苦しみを抱えているのだろうと感じていました。母の生家がある山里へ行くと、あちこちに行き倒れたお遍路さんの無縁仏がありましたから。淳生さんはお遍路に行って、変わりましたか？」

「将来の夢というものが彼の中でなかったんですよね。中学に入学してすぐに、これからの進路をどうしますかと聞かれても、高校へ行くかどうかもわからない。将来、どういう職に就きたいのかということにも。ほんとうなのか、財宝を探す探検家、トレジャーハンターになるとか言ったりしていました。彼は、四国八十八ヶ所のお遍路をずっと続けるつもりでした。春山安全登山講習会から帰ってきたら、二人でお遍路に行こうと計画を立てていました。夏休みにも行きましょうと、計画を立てていたんです。彼はお寺も好き、仏像も好きでした」

「そうですか……。淳生さんは春休みになったら、お遍路に行くつもりだったんですか」

山岳部へ入部した理由

「なぜ、淳生さんは山岳部に入ったんですか?」

「彼は中学生の三年間、先生にも友達にも恵まれていたと思います。で、少しずついろんなことを考えられるようになってきました。高校に入ったら、勉強をしようと考えていたみたいです。中学のときは、ほとんど勉強をしていないんです。家に帰ってきて、呼吸ができない、苦しい、苦しいという毎日だったので、勉強は授業で全部覚えてくるつもりで受けてくればいいし、無理に勉強をしなくてもいいんじゃない。そういう感じだったんです。山岳部は、生徒の自主性を重んじて、自由な雰囲気なんですって。練習は、週に一度自主トレーニングがあるだけ。勉強する時間が作れる。バレーボール部を考えたけど毎日練習があって、拘束時間が長い。

1年生の夏休みに北岳に登った。富士山が大きく望め、印象に残る山行となった

吹奏楽部も考えたけど、やはり拘束時間が長い。だから山岳部に入部したと話していました。それに、自主トレーニングのときに先輩と話をして、とても楽しいと言っていました」

「山岳部に入って、何か変わりましたか?」

「今まで勉強をしてこなかったので、急に勉強をするのは難しいと苦しんでいました。でも徐々に勉強する習慣が身について、机に向かえるようになって、成績も上がってくるようになりました。それも楽しかったんじゃないですか。夏休みに北岳（三一九三メートル、日本第二位の高峰）に登って帰ってきたら、次は○○へ行きたいと言うようになりました。夏休みに富士山にも登ったんですけど、帰ってきたら〝富士山は見る山だね、お母さん。登っても面白くなかった〟」

「彼はよく、リュックに水を詰めたペットボトルと本を入れて、近くの公園まで走っていました。公園にちょっとした小山があるので、階段を登ったり下りたりしていました。体力は、もともとない人ではなかった。小学三年生で初めて日光男体山に登ったとき、叔父が言うには、すいすい登っていってしまう。けっこう追いつくのが大変だった。そんなに速く登らなくて良いよ、と言ったそうです」

淳生さんは、ひとりで自主トレーニングをしていた。きっと、なにか目標を持っていたのだろう。
大田原高校山岳部の選手を選考する基準は、走力と体力が重視される。それは、高体連登山専門部が主催する高校総体（インターハイ）県予選、新人戦では一〇〇点満点の得点で争われる。登山コースの一部に競技区間を設定。三人で、合計四五キロの荷物を担ぎ、三人の選手が時間を競う。ほぼ全区間、選手は走るのだという。この種目の得点配分が五十点。残り二分の一、五十点の配点は、テント設営、地図読み、天気図作成、装備といった評価に割り振られている。だから、走力が強ければ、他校に大きな点差を付けることができ、勝利が確実になる。大田原高校山岳部は他校より圧倒的に抜きん出た体力により、九年連続、県予選で優勝。全国大会に出場している。

十月に行なわれた新人戦。淳生さんは、三人の選手の一人に選ばれている。他校の選手は、二年生。大田原高校だけが、選手全員を一年生にする。それでも九年連続、新人戦で優勝してきた。しかし、淳生さんが選手になって出場した新人戦では、二位になった。走力では圧倒的に他校に点差を付けたのだが、装備で失点。九年連続優勝を逃した。優勝したのは栃木県立真《も》岡《おか》高校。一班の講師菅又久雄教諭、二班の講師渡辺浩典教諭が、真岡高校山岳部顧問を務めている。

淳生の細胞はピッカピカ

二〇一七年三月二十七日、晶子さんが那須日赤病院に駆けつけると、淳生さんは集中治療室にいて、二人の医師が交代で心臓マッサージを行なっていた。晶子さんは、医師に心臓マッサージを続けることを頼み、見守っていた。淳生さんが、ただただ助かってほしいと願っていた。

「モニターがピンポン、ピンポンと鳴るじゃないですか。見たら血圧は四十いくつ、五十とか。だけど脈拍が九十とか。いくら私でもこんな血圧が低くて、こんなに心拍数が速いのは、普通の状態じゃないよねってわかります。そのときにはっと気がついた。あー、あー、もうダメなんだって。淳生が自動的に生かされているんだ。そのとき、医師に何か臓器を提供できませんかって言ったんです。淳生は高校生になったら、献血をしたいと言っていました。でもまだ、献血をしていませんでした。淳生は絶対、何か世の中の役に立ちたかったはずだ……。だから、役に立てることがあったらいいんじゃないかなって。それに淳生の細胞は、ピッカピカのはずだから。食べる物だって、なんだって、いろいろ気を使っていたので、母の知らないところで炭酸飲料を買って飲んでみたり、いろんなお菓子を買って食べてみたりって思いましたけれど、

事故前日、雪洞を掘った。淳生さん（中央）と三輪浦淳和さん（右）

母にできることのひとつとして安心で美味しいご飯を作ってあげることってね、最高なんじゃないかな。なるべく添加物のない食べ物。なるべく手作り。そうやってご飯を作っていたの。淳生の細胞はピッカピカに違いないですから」

ピッカピカの淳生さんの角膜は、栃木県のアイバンクに提供された。

母の叫び「真実を知りたい」

「淳生の死を受け入れているのか、受け入れていないのか、自分でもわからないんです。まだ、淳生の声をしっかり覚えていますし、淳生の匂いも覚えています。いろいろなことを鮮明に覚えている。でもね、帰ってこないでしょ。いつもあの子が帰ってくる時間になっても帰ってこない。今までお米がこれだけ減っていたなって、お米の減りが少ない。洗濯機を回す回数も凄く減っちゃった。そういう日常生活の端々から、ああ、淳生はもういないんだ。だからもしかしたら、それが淳生の死を受け入れていることかもしれませんけど」

「高瀬さんは先生たちに対して、どんな思いを持っていますか？」

「夫は、野球部の顧問をしていました。家族の時間を犠牲にして、生徒たちの部活動を見ていました。だから私、先生の気持ちも良くわかるんです。でも私は遺族。遺族の皆さんの気持ちも良くわかる。先生は、遺族の問いに答える責任がある。私は先生の答えようとする意識が、希薄だと感じます。〝私たちの責任です。申し訳ない〟とおっしゃるけれど、責任を果たしていません。私の知りたいことが、うやむやになってしまう。栃木県教育委員会に、一班の講師の菅又先生に会って話がしたい。二班の講師で前の登山専門部委員長の渡辺先生に会って話がしたい。大田原高校山岳部顧問の猪瀬先生に会って話がしたいと言っても〝事情聴取があるので待って下さい〟、〝待って下さい〟ばかりの返事。最近気がついたんです。先生が黙ることとは、身を守ること。身を守ることとは、逃げること。だんまりは、先生たちの怒りの現われじゃないかって思うんです。〝たまたま、あそこにいたのが自分だった〟、〝なんでこんなに責められなければならないのか〟、〝なんで自分が……？〟と。そして、先生たちに、自負心があるのを感じるんです。〝僕たちはここまでやった〟という自負が、見え隠れしている。私は全部知りたいんです。なんで淳生が死ななければならなかったのか。全部知りたい。どんなことがあったとしても、私は知りたい。どうしてあの場所へ行ったのか。どうしてあんな高いところまで登ったのか。どうして安全と判断したのか。ほんとうに遺族にすまないと思うなら、亡くなった子どもたちにすまないと思うなら、先生たちは行動を起こしてほしいんです。遺族の問いに答えてほしい」

二〇一八年夏、お盆が巡ってくる。登山専門部部長である大田原高校の三森謙次校長と猪瀬、菅又、渡辺の三名の教員が、高瀬家の弔問に訪れたいと連絡があった。晶子さんは、その申し出を断わっている。四人もの人数で訪問されると、精神的に耐えられないという。

「一人一人で来てくれるなら、かまわない。一人一人の先生と、膝をつき合わせて話がしたいんです。本当に申し訳ないと思うなら、責任を取りたいと思うなら、自分で一生懸命考えて、行動を起こしてほしいんです。先生たちは辛くて行動を起こせないかもしれない。玄関先で追い返されようが、罵倒されようが、月命日に一軒一軒回ってお参りをしてほしい。私は先生と向き合って話をしたいんです」

「真実を知りたい」、「先生と向き合って話をしたい」と願う遺族は、高瀬晶子さんひとりだけではなかった。

第四章

隠された雪崩事故

二〇一〇年の雪崩事故

「私は全部知りたいんです。なんで淳生《あつき》が死ななければならなかったのか。全部知りたい。どんなことがあったとしても私は知りたい」

高瀬晶子さんの母としての叫びだ。

淳生さんが亡くなったことを知った知人から、高瀬さんに情報が寄せられた。那須雪崩事故の七年前の二〇一〇年、まったく同じ三月二十七日、訓練を行なっていた郭公《かっこう》沢で雪崩事故が起きたというのだ。

高瀬さんは非常に驚いた。事故の翌日、高体連登山専門部は大田原高校で遺族と負傷生徒の保護者への説明会を行なっている。この席上、遺族が猪瀬修一登山専門部委員長に質問をしている。

「なぜあんな場所に行ったのですか?」

「今まで講習会で雪崩が起きたことなど一度もなかったからです」

猪瀬委員長の隣に渡辺前委員長が座っていた。渡辺前委員長は黙っていた。

2010年３月27日、生徒たちが流され、埋没した郭公沢の雪崩

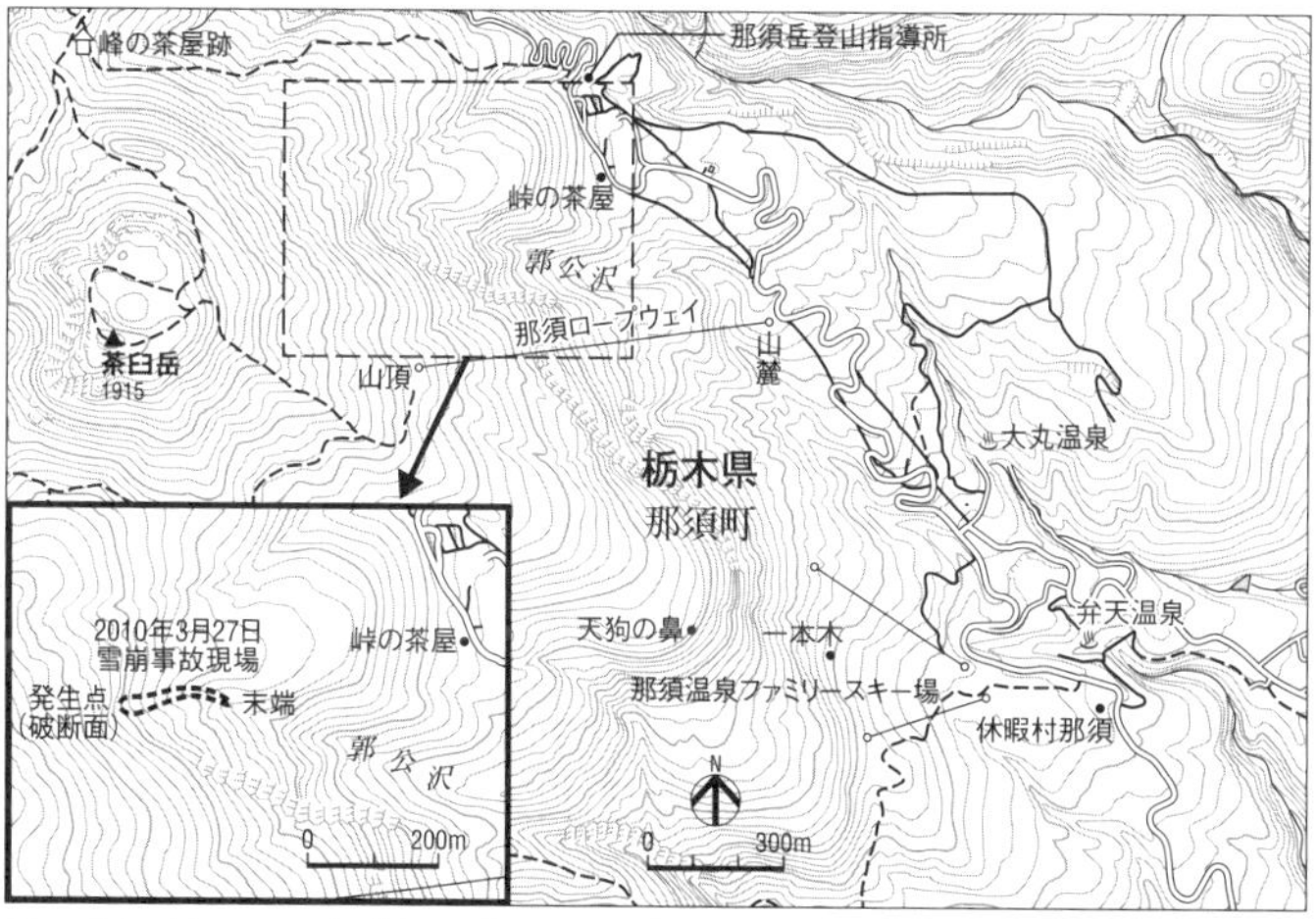

2010年３月27日、郭公沢で起きた雪崩事故の周辺図

高瀬さんは知人に会った。

二〇一〇年、知人の子どもは山岳部員で、春山安全登山講習会に参加していた。三月二十七日は朝から天気が良く、放射冷却の影響で冷え込み、雪は硬く締まっていた。昼頃、郭公沢で休憩していると、上部斜面で下降をしようとしていた班が雪崩を起こした。雪崩が生徒たちを直撃。流されたのは三、四名。一人だけ、完全に埋まった生徒がいた。

高瀬さんは完全に埋まった生徒にも連絡を取り、状況を調べた。

生徒は斜面を背にして座っていた。

「雪崩が流れてきたが、そんな大きな雪崩ではなかった。でも、頭まですっぽり埋まってしまった。死ぬんじゃないかと思い、凄く怖かった。雪崩の動きが止まると雪に埋まった。上から弱い光が射してくるのがわかった。光の方に向かって手を動かすことができたので、一生懸命はい上がっていった」

その生徒は、埋没が浅かったので自力脱出できたという。

別の生徒からも状況を聞くことができた。

「斜面を背にし、ピッケルを手にして立っていた。背中を面積の広い何かにドーンと押された。当たったのは雪だった。トントントンと、斜面を下へ向かって走った。走っているとき、手に

雪崩発生地点には、長い破断面が残されていた

雪崩はゆっくりとしたスピードで約250メートル流れた

持っていたピッケルでかすり傷を負った。埋まることはなく、軽いケガですんだ」

その生徒はこうも言った。

「自分は身長が一八〇センチ近くある。その私が立っていて背中から雪崩がガーンと来たから、埋まらなかったと思う。もし座って休憩していれば、上から雪がバサッとくれば、埋まってしまったと思う」

生徒だけではなかった。引率の教員も雪崩に巻き込まれていたのだ。高瀬さんはその教員にも会った。

「説明会のとき、猪瀬先生ははっきりと、今まで雪崩なんて一度もないっておっしゃっていた。だけど猪瀬先生は二〇一〇年、その場にいたんです。だから私が山の素人で、あれは専門家から見たら雪崩ではなくて、ちょっと雪が移動したものだと思っているか勝手に想像していました。でも、雪崩なのかもしれないという気持ちもありました。だからその先生に聞きました。〝二〇一〇年に雪崩はあったのですか？　本当に雪崩はあったのですか？〟とお聞きしたら、〝はい、あれは雪崩です〟とはっきりと答えられました」

猪瀬委員長の答えは事実と違っていたのだ。そのとき現場にいて雪崩を目撃していた渡辺前委員長が、猪瀬委員長の回答を訂正もしなかったのだ。

検証委員会の場で二〇一〇年雪崩事故について、教員たちが遺族に説明をしてくれるのではないか。事実と違う説明をしたと、謝罪をしてくれるのではないか。高瀬さんは教員たちが事実を説明することを待っていた。しかし、二〇一〇年の雪崩事故のことを、教員たちが検証委員会で説明することはなかった。

高瀬さんは、検証委員会の戸田芳雄（東京女子体育大学教授）委員長に、二〇一〇年雪崩事故の調査を行なうよう要望書を提出した。

検証委員会の報告

二〇一七年四月十一日、栃木県教育委員会は「那須雪崩事故検証委員会」を発足させ、書面による調査と聞き取り調査を教員、生徒に対して進めていた。

検証委員会は七カ月の期間で七回開催され、第一回は事故後十九日目の二〇一七年四月十六日。最後となる第七回は十月十五日で、このとき報告書案が了承された。このほか、引率教員と生徒への聞き取り調査を三回、現地調査を一回、教員らと生徒への書面調査が行なわれている。

高瀬さんの要望は実現する。検証委員会報告書が公表される約一カ月前、九月十八日に二〇一〇年雪崩事故の聞き取り調査が行なわれた。聞き取り調査の対象者は、当時の講師と引率の教員六名。この雪崩に関わった生徒九名に対しては書面による調査が行なわれた。

検証委員会報告書から、二〇一〇年三月二十七日の雪崩事故報告を引用する。

【七年前の雪崩事故について】

「本件事故発生から七年前となる平成二十二年三月二十七日、平成二十一年度春山安全登山講習会の二日目に、那須岳郭公沢最上部（標高一六四〇〜一六五〇メートル付近）において実技講習を実施していた際に雪崩が発生したという事実が確認された。聞き取り調査や写真等の資料から得られた情報をもとに当時の発生状況を以下に示す。

雪崩は、第六班の講師と引率の教員が沢の上部のやや急な斜面を通過する訓練のためのロープを張り、ルート工作のため引率の教員が下降している際に、体重のかかったロープが斜面上部の積雪面に食い込んだ刺激により発生した。当時撮影された写真によると、雪崩は顕著な乾雪表層雪崩で、発生域の積雪の破断面の厚さは約三〇センチ、幅は二〇メートル程度あったことが分かる。また、天気図や衛星画像と那須高原のアメダスデータによると当日は好天であったが、二日前の平成二十二年三月二十五日に日本の南岸を通過した低気圧により降雪が記録されている。那須高原の最深積雪は五センチであったが、雪崩発生箇所は沢の上部であるため三〇センチ深程度の吹きだまりが形成されていたと推定される。発生した雪崩の幅は地形の影響で一〇～二〇メートルの間で変化し、二五〇メートル程度の距離を流下している。この雪崩により、直下の沢筋で小休止していた第四班の引率の教員と生徒が巻き込まれ、五〇～六〇メートル流された。腰まで雪に埋もれ、上半身を起こしたまま流された者や倒れ込んで流された者もおり、姿勢によってはほぼ全身が雪に埋もれた生徒もいた。また、沢筋にデポしていたザック等の装備も流された。ただし、デブリ（雪崩堆積物）の厚さが比較的薄かったため、自力もしくは相互に協力して救出することができた。雪崩発生後、講師は全員の無事を確認し、ケガがなかったことなどから、その後の訓練は再開され、高体連や県教育委員会への報告は行なわれなかった。

しかしながら、推定される雪崩の規模からすると、七年前の雪崩事故は、県高体連や県教育委員会へ報告すべき重大な事故であったといえる。

なお、登山専門部では、当日または翌日に講師の間で事実関係を共有したものの、専門委員会等の関係者全員の間での情報の共有化はなされなかった。また、専門委員会において、七年前の雪崩事故について、次年度以降への申し送り事項として文書化した事実は確認できなかった」

隠された雪崩事故

二〇一七年三月二十七日に起きた那須雪崩事故の七年前に起きた雪崩事故。もっと詳しく説明したいと思う。

このときの登山専門部委員長は、渡辺浩典教諭。二〇一七年の委員長、猪瀬修一教諭は講師として参加していた。担当する班の生徒たちを指導し、この日は那須岳に登っているため、雪崩現場にはいなかった。渡辺前委員長は本部を離れ、各班の訓練状況を視察するため、雪崩を起こした班といっしょに行動していた。

雪崩が発生した場所は斜度が変化するところで、上から見ると落ち込むような感じになっていた。「登るには登れるが、生徒が下るには下りづらい」という急斜面だった。渡辺前委員長は、第六班の講師が引率教員をロープで確保して下ろしていた場所を迂回して下った。雪崩が起きた瞬間、「大変だ」と思った。体が見える状態で数人が静かに流されていく状況をずっと目撃している。

雪崩が起きた斜面の下部で休憩していた第四班は、講師と引率教員二名、矢板高校と矢板中

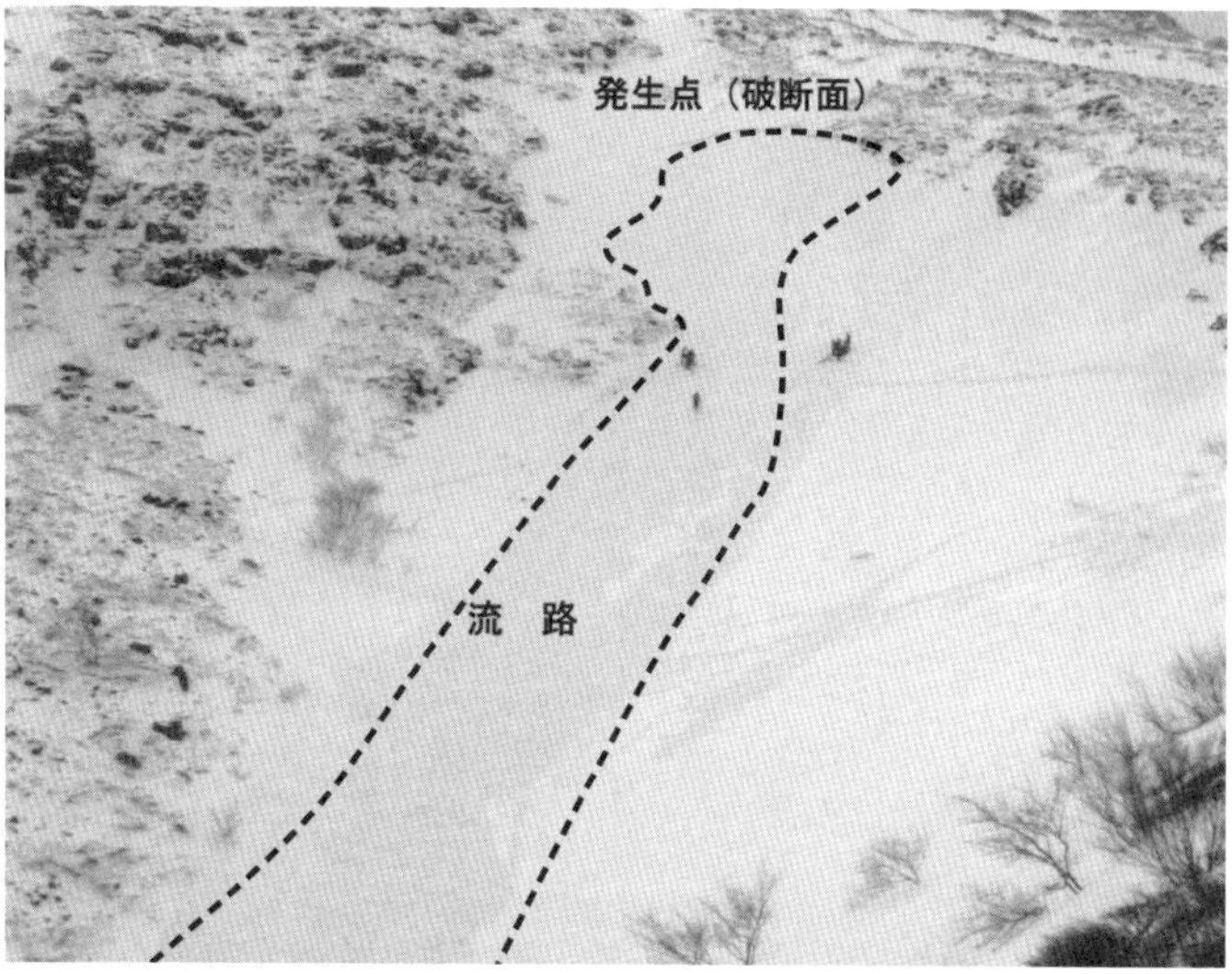

2010年３月27日の雪崩の発生点（破断面）と流路

尾根上から見た雪崩の発生点と流路。上下ともに検証委員会報告書から

央高校の生徒九名の合計十一名。

第四班の講師は、次の訓練のために固定ロープを張っていた。「休憩時は落石や雪崩があるから、上を向いて休むのが常識だ」と生徒たちに教えていたというが、生徒と引率教員は斜面下方に向かいガレ場で石に腰を下ろしたり、立ったまま休憩していた。上部斜面にロープを使って下る人影が見えた。急斜面でなおかつ雪庇のように雪面がせり出していたので、「危ない」と思いながら見ていた。ロープで雪の塊が落ち、雪崩が発生したのが見えた。雪崩は音もなく流れてきた。気がついた生徒はすぐに逃げられた。しかし、気づくのが遅れた生徒、座って休憩していた生徒は巻き込まれ、ザックやピッケルといっしょに流されていった。

引率教員は、まだ数年の登山経験しかなかった。背後に気配を感じて振り向くと、雪の塊が大きな波のように覆いかぶさってきた。雪崩に巻き込まれ、なにもできず唖然とした。腰から下が雪に覆われ、郭公沢を流されていく。冷静さを取り戻し、〝このままでは、まずい〟と思い、いっしょに流されている生徒たちに声をかけた。

「さっきの訓練を思い出せ！　雪をつかめ」

休憩前、この班では滑落停止の訓練を行なっていた。雪に慣れるため斜面で前転したり、滑ったりしてから俯せたまま滑落した場合、両手で雪を覆うようにするという滑落停止方法を習っていた。

郭公沢を流れた雪崩のスピードは、ゆっくりしたものだった。生徒と引率教員は五〇～六〇メートル流され、雪崩は二五〇メートルほど流れて停止した。

渡辺前委員長の声が、無線機から聞こえた。

「至急、至急、高体連各局、雪崩が発生、現場にいる教員応答願います」

幾人かの講師が問いかけた。

「救助の必要があるか？」

「救助に向かいますか？」

緊迫した空気が流れたが、流された班の講師が、

「自力脱出が可能なので救助の必要はない」

と応答した。

全員の無事が確認されると渡辺前委員長から、訓練再開の指示が出されたという。

引率教員は、雪崩に流されてショックを受け、訓練を続ける気持ちを失っていたので、渡辺前委員長の指示に驚いたという。

講習会が終わり、参加していた教員たちは、この雪崩事故の対応策を話し合っている。渡辺

前委員長から、

「下手に保護者を心配させる必要はないので、報告する必要がない」

との発言があった。数人は報告すべきだと考えていたが、渡辺前委員長に抗《あらが》わなかった。

「報告しない」という結論がまとまった。

二〇一〇年の雪崩事故は県教委と高体連に報告されることはなかった。

こうして、七年前の雪崩事故は隠されたのだった。

親子げんか

講習会のあと、知人は親子げんかをしている。母親は、そんな危険な山岳部に子どもを預けられないと考え、子どもに「山岳部をやめてくれないか」と言った。子どもは「自分は好きで山岳部に入った。仲間に迷惑をかけるからやめられない」と母親に逆らった。「やめて」、「やめない」で言い争ったのだ。知人は学校に言おうか言うまいかと、凄く悩んだと高瀬さんに打ち明けた。

「私があのときに学校に言っていたら、もしかしたら違ったかもしれない。淳生さんが亡くなった雪崩事故が起きなかったかもしれない。ごめんね」

高瀬さんに謝ったという。

雪崩の原因は降雪結晶

「二日前の平成二十二年三月二十五日に日本の南岸を通過した低気圧により降雪が記録されている」

検証委員会報告書に書かれている一文だ。これは七年前に起きた雪崩事故は、南岸低気圧の接近前に「降雪結晶」が降ったことが原因だと示唆している。

七年前の雪崩事故の原因となった弱層は「降雪結晶」。二〇一七年の雪崩事故の原因となった弱層も「降雪結晶」。まったく同じ原因ということになる。

降雪結晶が危険な雪であり、南岸低気圧が接近する前に降るというメカニズムを教員たちが知っていたのなら、那須雪崩事故は防げたのではないか。

私は、雪崩の原因となる弱層の形成メカニズムを研究してきた秋田谷英次北大名誉教授（83歳、元北大低温科学研究所所長）に、雪崩の原因となった雪質の解析を依頼した。秋田谷名誉教授は八十三歳になった今も日々、札幌市内の自宅で雪を観測している。観測結果は日本雪氷学会北海道支部のホームページで、「さっぽろ積雪の情報」として公開され、雪崩事故防止に役立っている。

標高七四九メートルに設置されている、那須高原アメダスの二〇一〇年三月十七日から二十七日までの気温と降水量のグラフがある。雪崩が発生した場所の標高は約一六五〇メートル。気温は標高が一〇〇メートル高くなると〇・六度C下がる。雪崩が起きた場所の気温は、那須高原アメダス地点から五・四度C低くなる。那須高原が雨でも雪崩発生地点では雪が降る。降水一ミリは、降雪一センチ程度だ。

しもざらめ雪が形成される条件は、降雪後に晴れて放射冷却現象が起きることだ。降雪があり、正午頃から翌朝にかけて気温が一〇度C程度急降下すれば、積雪内部でしもざらめ雪が形成される。三月十七日から二十七日までの十一日間で、そのような条件を満たす気温変化、降水量、日射時間の変化はなかった。

これが、秋田谷名誉教授の解析結果だ。

三月二十四日から二十五日にかけ、前線を伴なった南岸低気圧が本州沿いを北上している。二十四日十八時頃から二十五日十二時頃までの降水量は一〇・五ミリ。降雪の深さに換算する

那須高原アメダス749mの気温と降水 (2010年3月の雪崩事故、発生点約1650m)

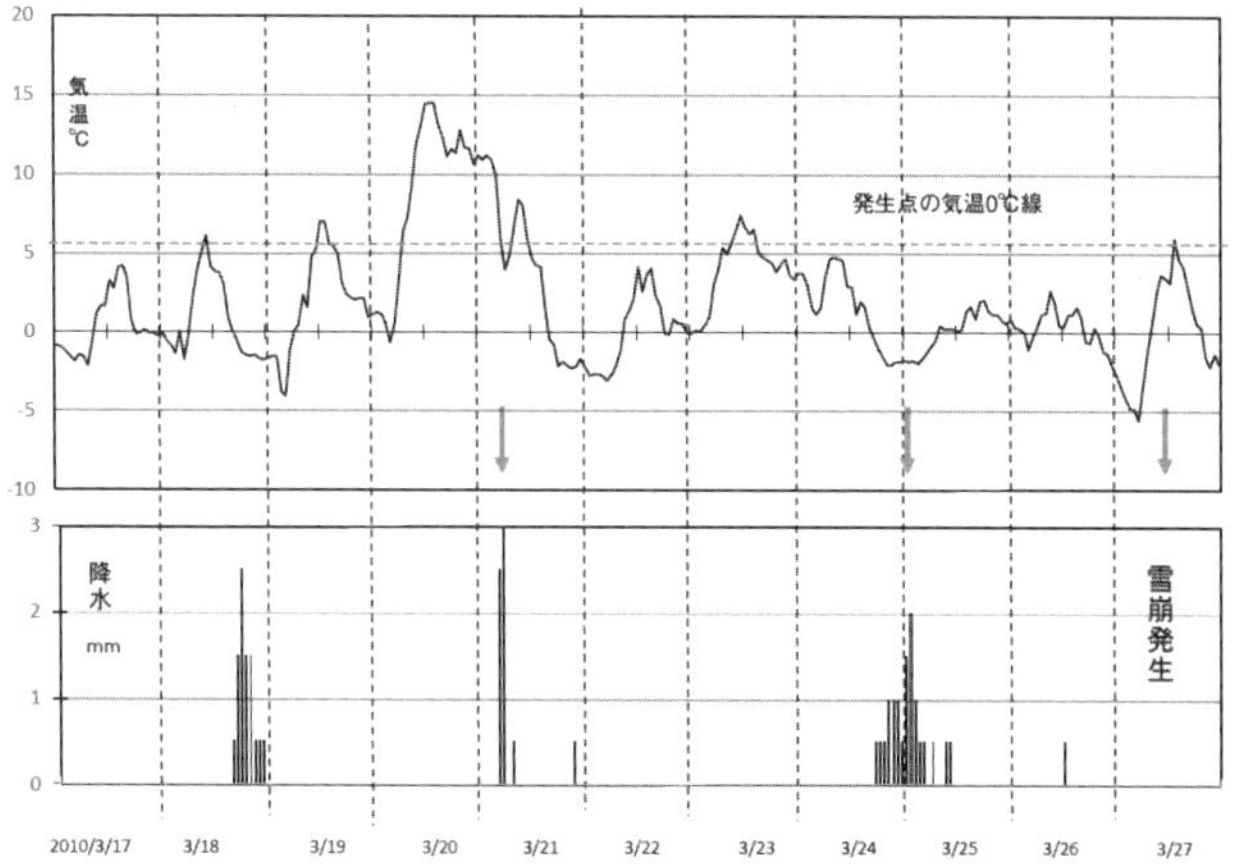

那須高原アメダスの気象データ (3月24日〜25日の気温、降水量、風速)

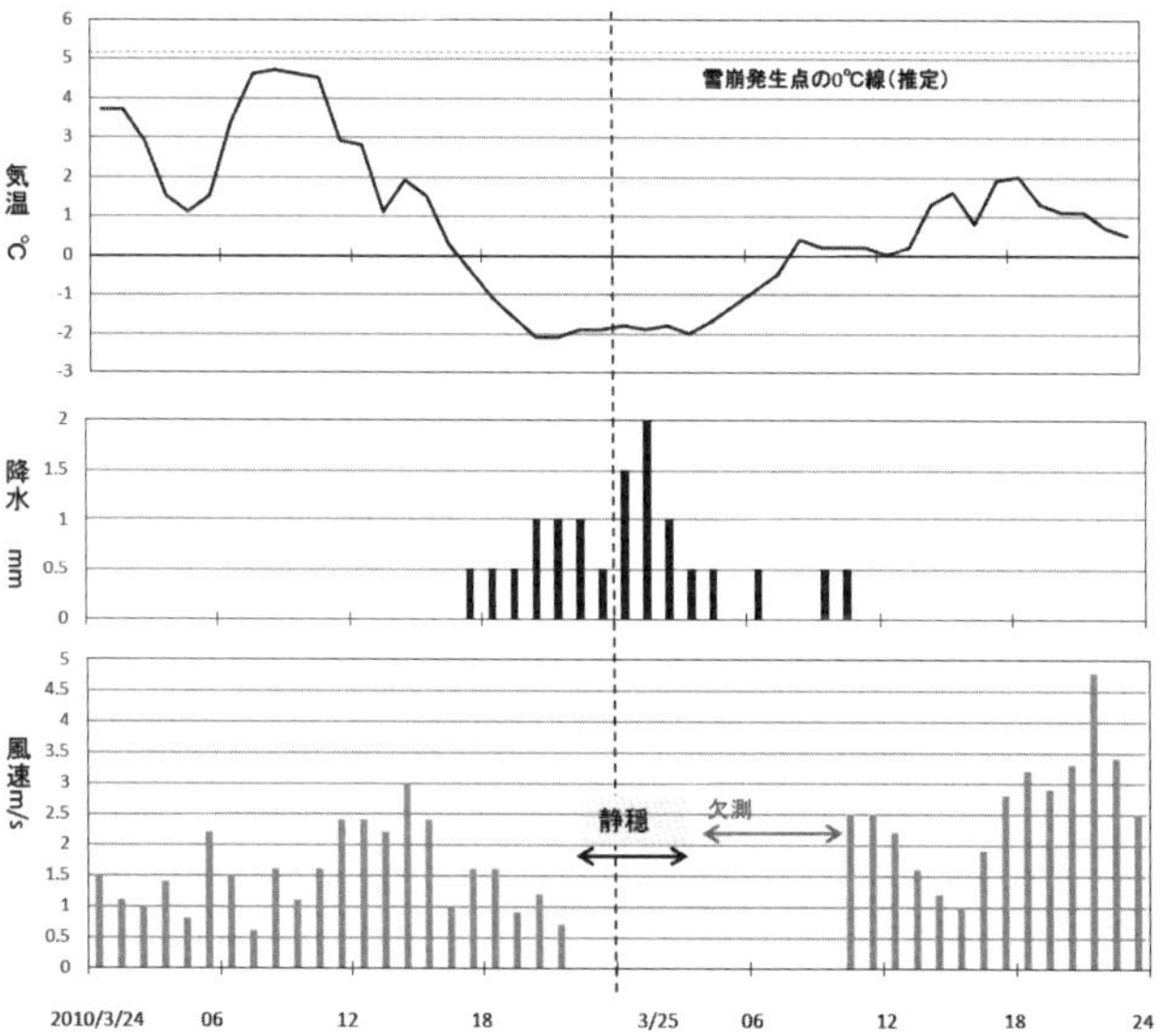

と、およそ一〇～二〇センチ。夕方十八時から翌朝五時頃まで風速は〇メートル／秒～一・五メートル／秒と弱く穏やかだ。降雪結晶は風が弱いとき、静かに穏やかに降るのが特徴だ。条件に当てはまる。二十五日午前五時から十一時まで観測データがないが、天気図から判断すると、強風は吹いていないはずだ。

したがって、この連続降水は、気温と風速から降雪結晶が降ったと判断できる。しもざらめ雪を形成する気象条件が満たされないことから、弱層がしもざらめ雪である可能性は低い。降雪結晶が降る気象条件が満たされていることから、雪崩事故の原因となった弱層は降雪結晶の可能性が高い。

もし七年前、教員たちが雪崩の原因を究明していれば、降雪結晶の存在を知ったと思う。科学的な探究心を発揮し、雪崩のことを学んでいれば、降雪結晶の危険性に気づき、降雪結晶が降るメカニズムを知ることができただろう。七年前の雪崩事故をきっかけにして、最新の雪崩事故対策の知識を身につけ、捜索救助の方法を学んでいれば、八名が犠牲になるという那須雪崩事故は起きなかったかもしれない。犠牲者の数が違った結果になっていたかもしれない。

「下手に保護者を心配させる必要はないので、報告する必要がない」

二〇一〇年の雪崩事故を隠した責任は、きわめて重い。

第五章

弱層は板状結晶

現地調査

那須岳で発生した雪崩の発生条件や発生状況を把握するため、「二〇一七年三月二十七日の栃木県那須町で発生した雪崩に関する調査研究」という科学技術研究費補助金（特別研究促進費）を基にした研究チーム（複数の大学や研究所ほか関係機関の研究者などで構成されている）が立ち上がった。本章では、研究チームがまとめた報告書（二〇一八年三月）から、雪崩発生の原因や発生のメカニズムについて抜粋して述べたい。

研究チームは、表5-1に示す通り、発生した雪崩の翌日の二〇一七年三月二十八日から積雪が残る四月下旬までに、雪崩の発生状況について五回の現地調査を行なった。

図5-1に、二〇一七年四月二日に無人航空機で撮影した那須岳雪崩発生地全景を示す。写真の中央から右の下部の樹林がないエリアは、那須温泉ファミリースキー場のゲレンデである。斜面Aは、標高約一五一五メートルの通称「天狗の鼻」大岩の直下に位置し、二〇一七年三月二十七日に大きな被害をもたらした雪崩が発生したと推定される斜面である。四月二日の現地調査では、斜面Aの下方標高一三八五メートル付近に、人為的に掘削された直径数メートルの

表 5-1　現地調査項目と実施日（○印）

調査項目＼調査実施日	2017/3/28	4/2	4/13	4/19	4/25
写真撮影	○	○	○	○	○
積雪深観測	○	○		○	○
積雪断面観測	○	○			
雪崩痕跡調査		○		○	○
無人航空機による空撮		○		○	○

5章の図、表は防災科学技術研究所提供

図 5-1

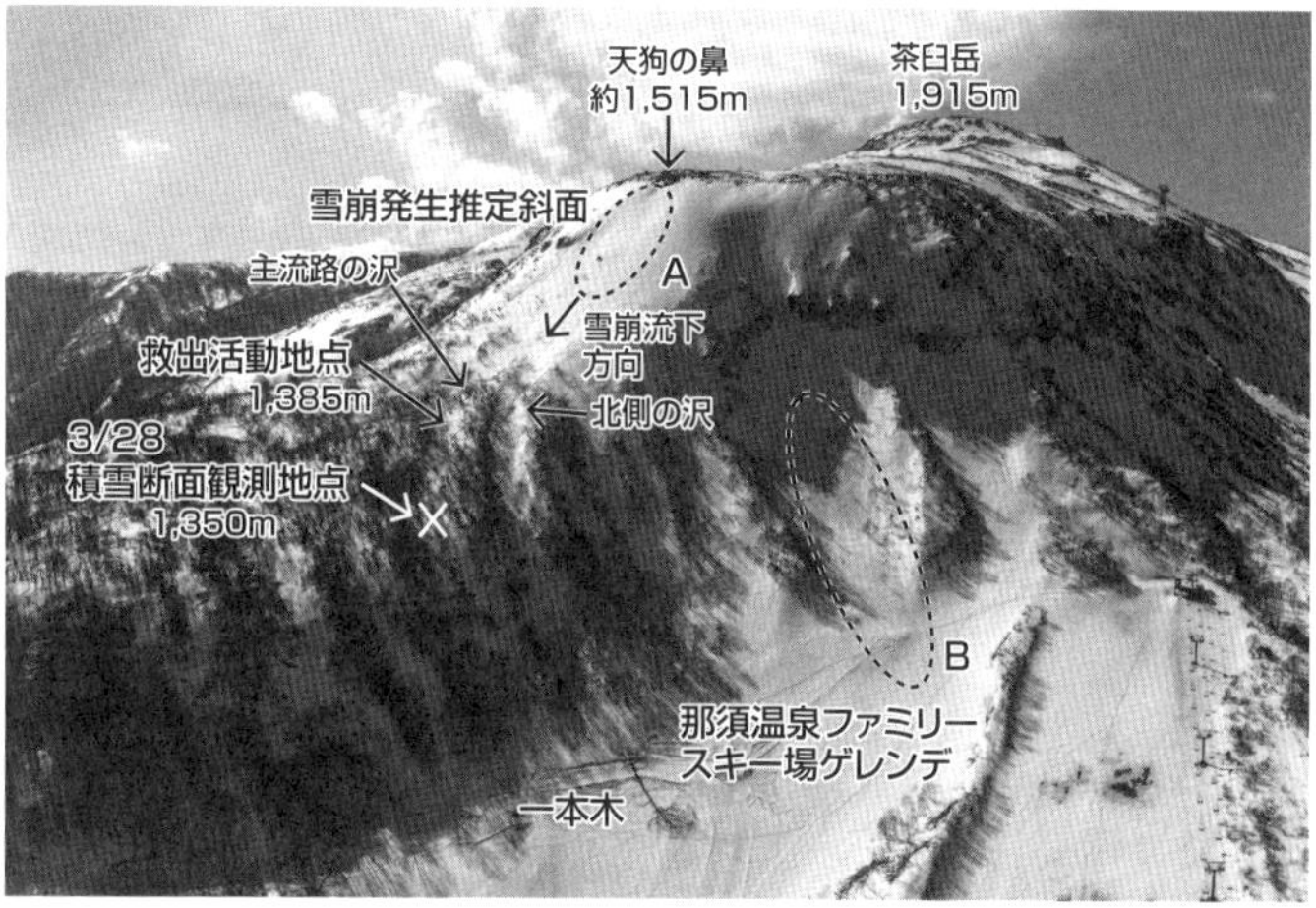

2017年４月２日、防災科研無人航空機による那須岳雪崩発生地点の全景。×は３月28日の雪崩断面図観測地点、Aは３月27日の雪崩発生推定斜面、Bは３月28日に雪崩の痕跡を発見した斜面

穴が二つ確認された。この穴は三月二十七日の雪崩発生直後に救出活動で掘削されたものであると考えられ、救出活動地点として図5-1に示した。三月二十八日に断面観測を実施した地点は、この救出活動地点と同じ沢のさらに下方の標高一三五〇メートルに位置する。また、同じ三月二十八日午前には、スキー場下方のセンターハウス付近から、斜面Bの位置に表層雪崩のデブリや流下の跡が確認できた。このデブリはスキー場のゲレンデまで達していた。

積雪断面観測結果と考察

現地調査班は、前日に現地で救出活動に当たった消防隊員からの情報を得て、二〇一七年三月二十八日午後に、雪崩が流下して事故があったとされる沢をスキー場のゲレンデから登り、図5-1中の×で示す標高一三五〇メートル付近で積雪断面観測を実施した。理想的には図5-1の斜面Aの雪崩発生区付近で積雪断面観測を実施したかったが、三月二十七日の雪崩発生後も翌二十八日の調査日まで降雪が断続的に続いており、調査時においても雪崩発生のリスクがあると判断された。そのため、救出活動地点の下方の樹林帯の中にある五〜一〇メートル四方程度の開けた斜面を観測地点に選定した。選定した積雪断面観測地点は、斜面Aの上端にある天狗の鼻大岩までの直線距離が約三五〇メートルと近く、標高差も約一六五メートルと小さいため、雪崩発生区と降雪の状況がほとんど変わらない地点であると判断した。

斜面Aの向きは南東（方位角一三五度）から東南東（方位角一一二・五度）であり、その下部の沢に位置する積雪断面観測地点の斜面の向きは東（方位角九〇度）である。傾斜角は斜面Aでは三〇～三八度、積雪断面観測地点では三五度であり、いずれも最も表層雪崩が発生しやすい傾斜角三五～四〇度の範囲を含む斜面である。この積雪断面観測地点の積雪深は三〇五センチであった。積雪断面観測は、発生した雪崩に関係すると考えられた積雪表面から深さ約一〇〇センチまでの、積雪表層部分を対象に実施した。

表5－2と図5－2に、三月二十八日十三時五十分から十六時二十分に積雪内部の状態を把握するために実施した積雪断面観測結果を示す。

積雪表面から深さ一〇〇センチまでの雪温は、最高マイナス〇・六度C、最低マイナス一・三度Cであり、積雪表面から一〇〇センチまでの深さでは全層が氷点下であった。深さ〇～一・五センチにやや硬いクラストが確認されたが、この部分は、積雪断面観測を実施した三月二十八日の日中の日射により形成したと考えられる。深さ一・五～九センチは、新雪あるいは新雪からこしまり雪に変態している層に該当する。この層は三五kPaとやや固く、密度は九七kg

／m^3と直下の層よりもやや大きいことから、風の影響を受けて、低い地吹雪により再配分されている可能性も考えられる。深さ九～三五センチも、新雪あるいは新雪からこしまり雪に変態している層である。密度は四八～九四kg／m^3と小さい部分を含み、硬度は〇・八～三・五kPaと小さい。特に、深さ二二～二五センチは弱層を形成すると考えられ、硬度〇・八kPa、密度五六kg／m^3であった。深さ三五～三七センチにはざらめ雪層があり、深さ三五～三八センチの密度は一七〇kg／m^3と大きく、硬度は八二kPaと硬かった。なお、このざらめ雪層と直上の新雪・こしまり雪層の結合はそれほど弱くなく、ウィークインターフェースや弱層となり得るこしもざらめ雪への変化は認められなかった。深さ三七～四一センチと四一～四九センチはしまり雪層、四九～六二センチはこしまり雪としまり雪が混在する層、それより深い層にはざらめ雪としまり雪が交互に存在していた。ざらめ雪の直下の三七～四一センチのこしまり雪、しまり雪層の密度は六六kg／m^3とやや小さく、硬度は八・八kPaとやや小さかった。それより下の層の密度は九三～二〇一kg／m^3、硬度は一二～二二〇kPaであった。

図5‐3に、三月二十八日に観測した積雪断面と雪粒子の写真を示す。雪粒子は、弱層に該当するBの位置（深さ二三・五センチ）とその上下の層のA（深さ一三・五センチ）とCの位置（深さ三三・五センチ）から採取して撮影した。雪粒子の写真を比較すると、AとCの雪粒

表 5-2

年 月 日	積雪深	測定時刻			天気	気温(時刻)
2017.03.28	305 cm	13h50m - 16h20m			晴れ	-2.6 ℃(13h40m)
緯度	経度	標高	傾斜角	方位角	座標軸	測定者
37° 07'06.2	139° 58'49.0:	1350 m	35 °	90 °	D	K.K.M.N.K.N

雪質F			雪温 T(℃)		密度 ρ(kg/m³)		硬度 PR(kPa)		
深さ, D (cm)	F	雪質備考	D	T	D	ρ	D	*1 φ (cm)	PR
0 - -1.5	∀		0	-0.6	0 - -3	69	-1.5	1.5	32
-1.5 - -9	+,／	hard	-10	-0.4	-6 - -9	97	-7.5	1.5	35
-9 - -35	+,／		-20	-1.3	-12 - -15	94	-13.5	1.5	2.4
-35 - -37	○		-30	-1.3	-17 - -20	57	-18.5	1.5	1.1
-37 - -41	●		-40	-1.1	-22 - -25	56	-23.5	1.5	0.8
-41 - -49	●		-50	-1.0	-27 - -30	52	-28.5	1.5	1.5
-49 - -62	／,●		-60	-0.9	-32 - -35	48	-33.5	1.5	3.5
-62 - -69	○		-70	-0.9	-35 - -37	170	-38	1.5	82
-69 - -75	●		-80	-0.9	-37 - -40	66	-38.5	1.5	8.8
-75 - -86	○		-90	-0.8	-42 - -45	104	-43.5	1.5	70
-86 - -88	●		-100	-0.8	-52 - -55	93	-53.5	1.5	12
-88 - -305					-62 - -65	125	-63.5	1.5	160
					-72 - -75	154	-73.5	1.5	30
					-77 - -80	111	-78.5	1.5	90
					-92 - -95	201	-93.5	1.5	220
備考									

雪質凡例
＋:新雪
／:こしまり雪
○:ざらめ雪
●:しまり雪
∀:クラスト

*1: φ は円板径を表わす.

2017年3月28日に実施した積雪断面の観測結果

図 5-2

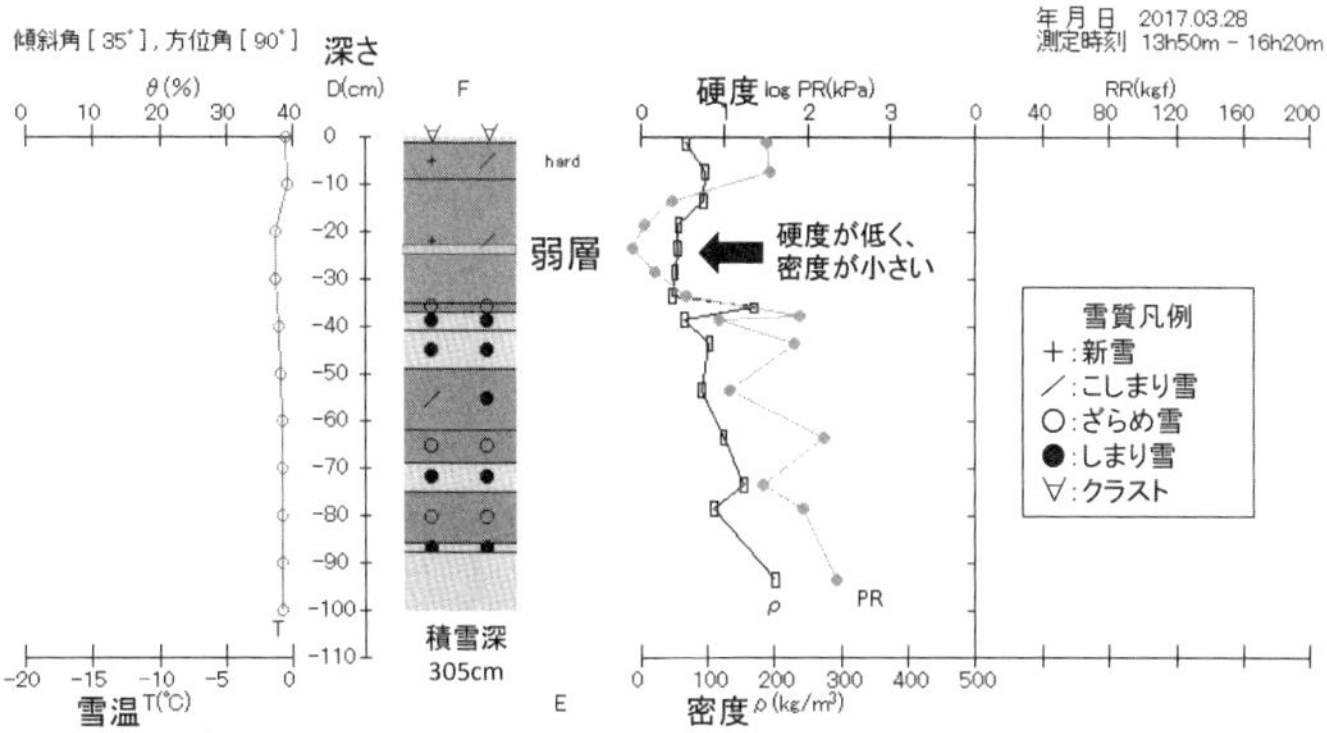

雪温と密度、深さと硬度の関係から弱層の実態をグラフ化

子よりもBの雪粒子の粒径の方が大きく、Bの粒径が二ミリ以上の雪粒子は、雲粒が付着していない板状結晶であると判断できる。AもCも雲粒付着は少ないが粒径は小さく、板状結晶ではない。したがって、弱層を形成する主な粒子は、雲粒付着なしの板状結晶であり、雪が降ってくるときの形状が弱層形成に関係している、雲粒付着がない（あるいは少ない）降雪結晶の弱層であると考えられる。

図5-4に、気象庁那須高原アメダスの三月二十四日から二十八日の気象経過を示す。那須高原アメダスは、三月二十八日積雪断面観測地点から東に約五キロに位置し、標高七四九メートルである。表5-2と図5-2に示した三月二十八日の標高一三五〇メートル地点での積雪断面観測より、積雪表面から深さ一〇〇センチまでの積雪は、すべて氷点下の乾雪であることが確認されている。標高が一〇〇メートル上がると、気温は平均的には約〇・六〜〇・六五度C低下するから、例えば、図5-4で示した標高七四九メートルの那須高原アメダスより標高が七五一メートル高い発生区付近の標高一五〇〇メートルでは、気温が那須高原アメダスより約四・五〜四・九度C低くなると考えられる。この関係を用いて、図5-4の那須高原アメダスの気温の観測結果を基に標高一五〇〇メートル付近の気温を推定すると、三月二十七日〜二十八日は氷点下が維持されていると推定できる。したがって、雪崩が発生した三月二十七日

図 5-3

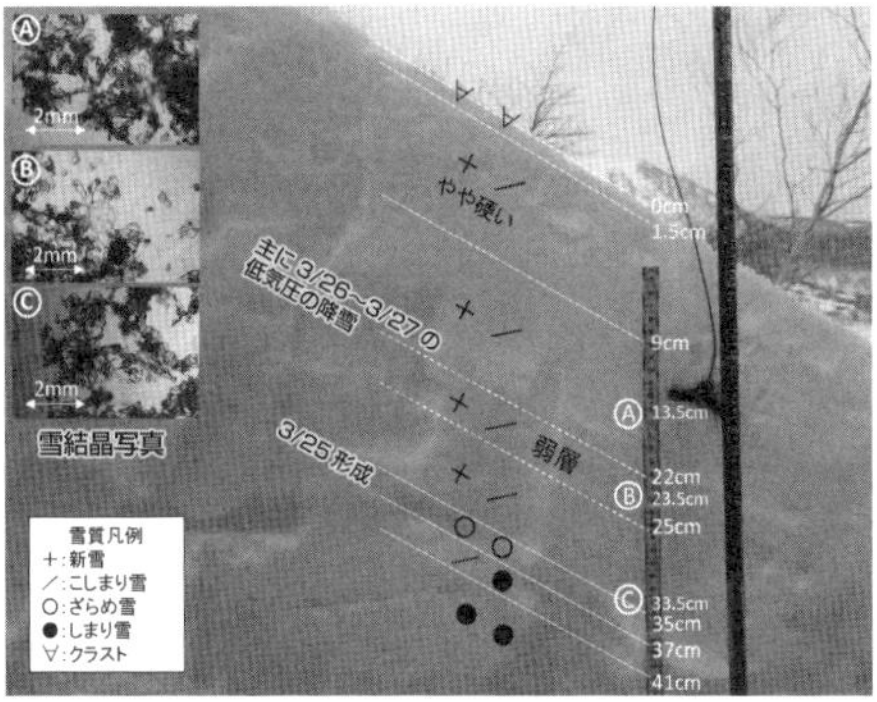

2017年３月28日に観測した積雪断面と雪粒子の写真

図 5-4　気象庁那須高原アメダスの３月24日から28日までの気象経過

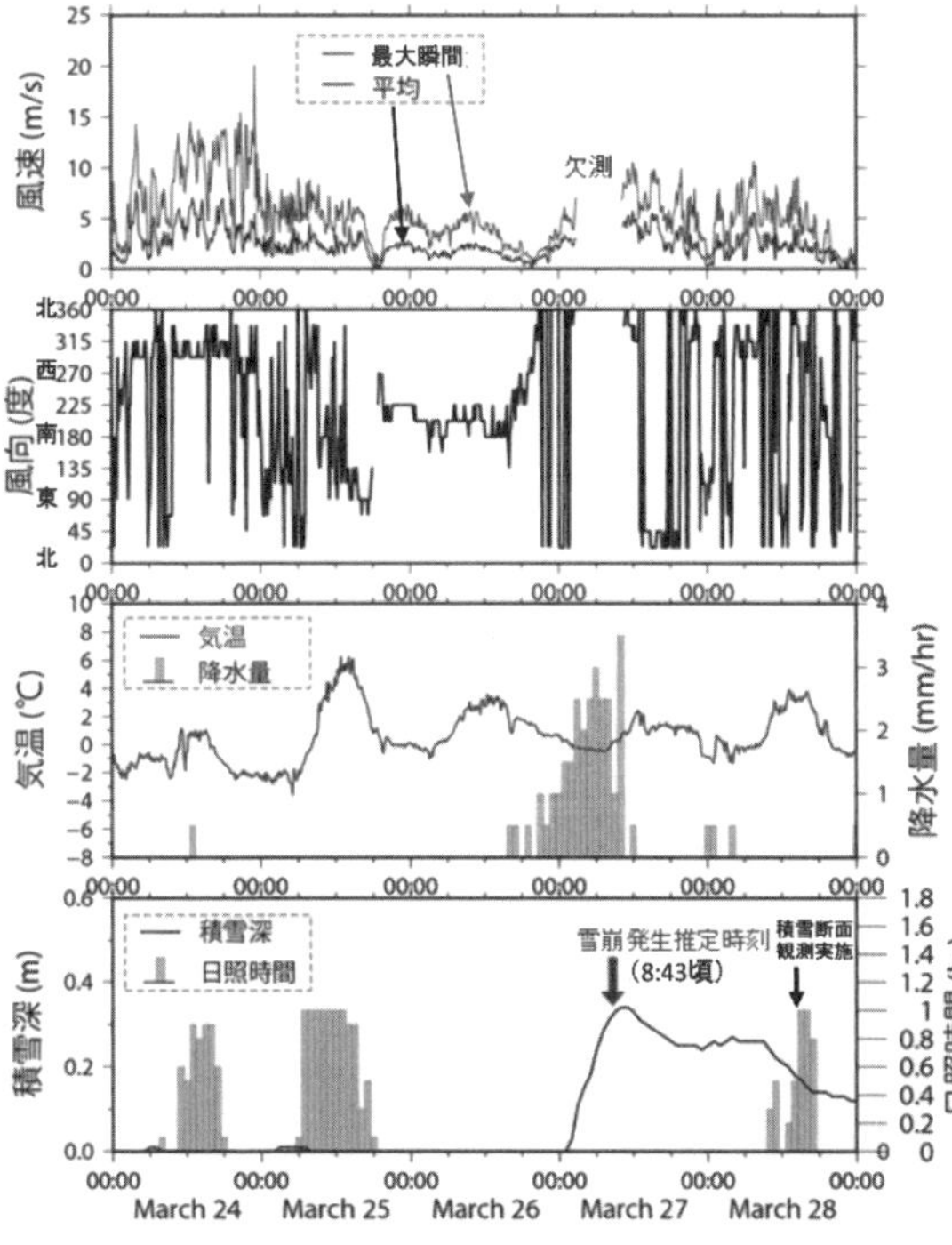

には、雪崩発生区と考えられる標高一五〇〇メートル付近の表層の積雪は、氷点下の雪温の乾雪であったと考えられる。

図5-4より、三月二十五日の那須高原アメダスの最高気温が六・九度Cであるから、標高が一〇〇メートル上がると約〇・六五度C気温が低下すると考え、積雪断面観測地点では約二・〇度Cと推定される。したがって、表5-2と図5-2、図5-3に示した、積雪表面から三五~三七センチの深さのざらめ雪層は、気温がプラスになった三月二十五日に形成されたと推定される。図5-4のアメダス降水量の観測値より、図5-2及び図5-3の積雪表面から深さ数センチの積雪は、三月二十八日に降った雪が形成した積雪であると考えられる。また、それ以下の深さ三五センチまでの積雪(深さ二二~二五センチの弱層を含む)は、三月二十六日から二十七日にかけて本州南岸を通過した低気圧(図5-5参照)に伴う降雪が積もって形成されたと判断される。

三月二十八日の積雪断面調査時に、スキー場ゲレンデから雪崩発生区と考えられた天狗の鼻大岩の下の斜面(図5-1の斜面A)を観察したが、破断面の痕跡は見つからなかった。図5-4に示すように、二十七日の雪崩発生後も降水(降雪)があり、先に示したように、標高一五〇〇メートルでは、三月二十七日から二十八日は氷点下であるから、乾いた雪が積もった

図 5-5

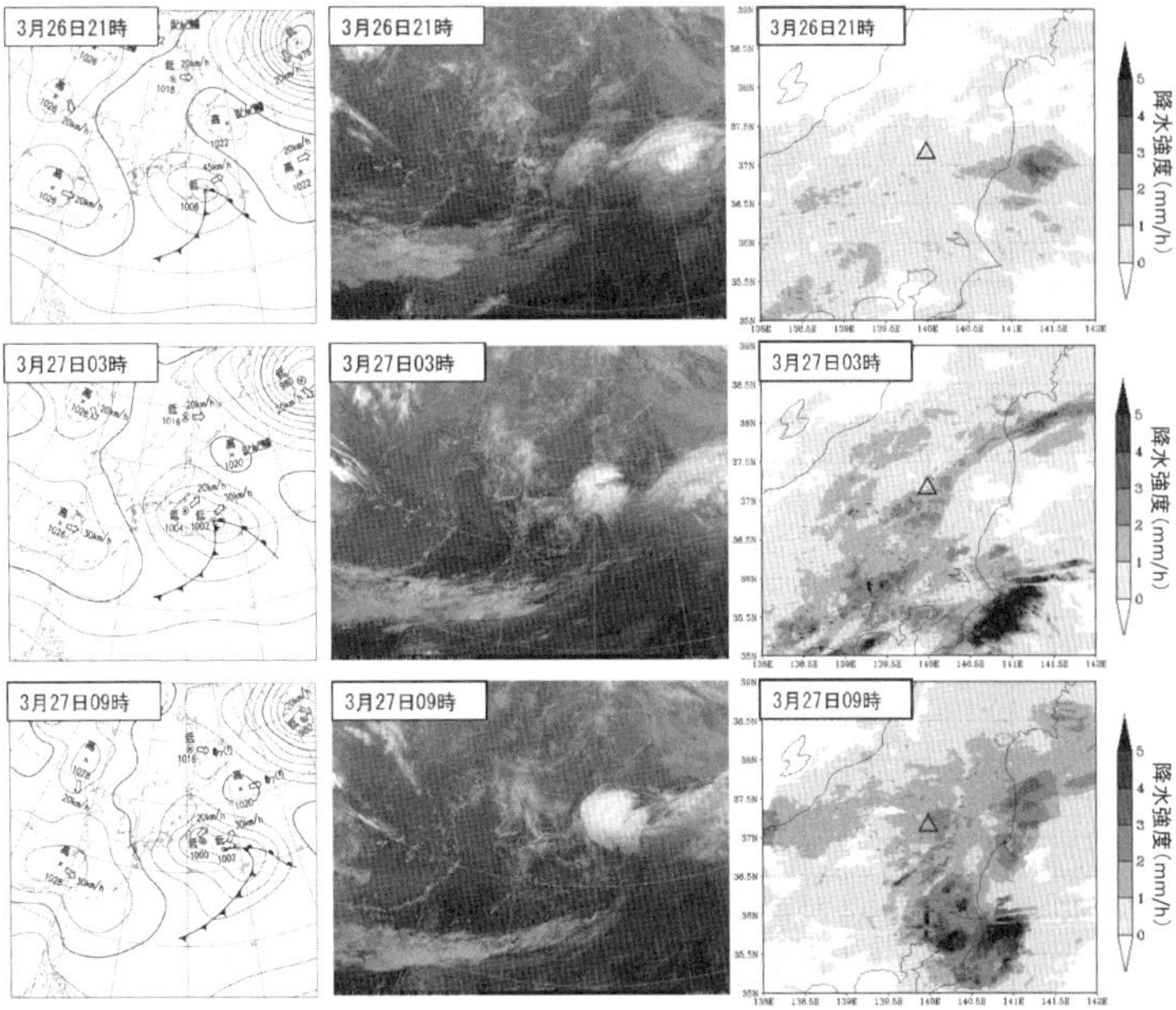

気象庁地上天気図と気象衛星赤外画像、および解析雨量（中心の△は那須岳の位置、気象データ解析ツール GRADS にて作図）

と考えられる。また、風速は二十七日三時〇〇分から十時二十分まで欠測であるが、二十七日十一時以降は、例えば二十七日十二時〇〇分に平均風速五・八m／s、最大瞬間風速一〇・六m／s、二十八日七時三十分に平均風速五・六m／s、最大瞬間風速一〇・七m／sを記録するなど、風がやや強くなっている。例えば新雪が積もっている場合、気温が〇度C程度では風速約八m／s以上、マイナス五度C以下では、風速約五m／s以上で低い地吹雪が発生することが知られており、二十七日八時四十三分頃の表層雪崩発生後も風雪が続いて地吹雪による吹き溜まりが生じ、二十八日の観測時には、破断面などの表層雪崩発生の痕跡はわかりづらくなってしまったことが考えられる。

以上のことから、斜面Aの積雪内でも、図5-3で示したような雲粒なし板状結晶の弱層が存在し、その上に低気圧による降雪が積もる、あるいは吹き溜まることにより、積雪は不安定な状態になっていたと推定される。したがって、破断面などの直接的な積雪上の証拠はないが、三月二十七日八時四十三分頃に発生した雪崩は、面発生乾雪表層雪崩である可能性が高いと判断される。

図5-5に気象庁の地上天気図と気象衛星赤外画像、及び解析雨量を示す。図5-4と図5-5の気象の状況より、図5-2及び図5-3の深さ二二～二五センチの弱層は、本州の南岸を北

東に進む低気圧に伴う三月二十六日から二十七日の降雪中に、降雪の結晶の形状が雲粒の付着の少ない比較的大型の板状結晶が多い時間帯があり、その結晶が積もることによって形成されたと推定される。さらに、弱層となる板状結晶の層が積もった後に、同じ低気圧からもたらされた、二十七日未明の比較的短時間に強く降った雪が上載積雪となって積雪が不安定になり、面発生乾雪表層雪崩が発生したと推定される。

三月二十八日午前のスキー場ゲレンデからの観察によって、図5-1に示した斜面Bでは、自然発生と考えられる表層雪崩のデブリや流下の痕跡が確認できた。先に示した考察結果と、この斜面Bの自然発生の表層雪崩の痕跡から、図5-1に示した斜面A付近の積雪は不安定な状態にあったと判断される。これらの状況を踏まえると、研究チームが行なった現地調査結果からは、三月二十七日に大きな被害をもたらした図5-1の斜面Aの表層雪崩は、不安定な積雪の斜面から自然に発生した可能性と、不安定な積雪の斜面に人が入り込んだために誘発された可能性の両方があると考えられる。

低気圧がもたらす降雪により発生する表層雪崩

図5-6に、低気圧の降雪から降りやすい結晶形とその範囲の模式図を示す。低気圧の進行方向前面（北〜東〜南東側）の層状雲からは、表層雪崩の弱層を形成する降雪結晶（雲粒付着が少ない板状結晶等）や、崩れやすい形状をしている角柱状結晶等が降りやすいことが知られている。

図5-7に、弱層を伴う表層雪崩発生の模式図を示す。低気圧が原因で雪が降った場合、いわゆる降雪結晶の一種である雲粒付着が少ない板状結晶が弱層を形成して、表層雪崩が発生する場合がある。

また、二〇一四年二月十四日から十六日に南岸低気圧が関東南岸から東北地方の東の太平洋上を北東に進んだときは、関東甲信から東北地方にかけて大雪となり、表層雪崩が数多く発生した。先に示した、雲粒の付着が少ない板状結晶が弱層を形成して表層雪崩の原因となったほか、その上に積もった雪粒子がサラサラしてグラニュー糖のように崩れやすい特徴を有しており、樹林をすり抜ける表層雪崩も多く発生した。二〇一四年四月に本州南岸を通過した低気圧

図 5-6

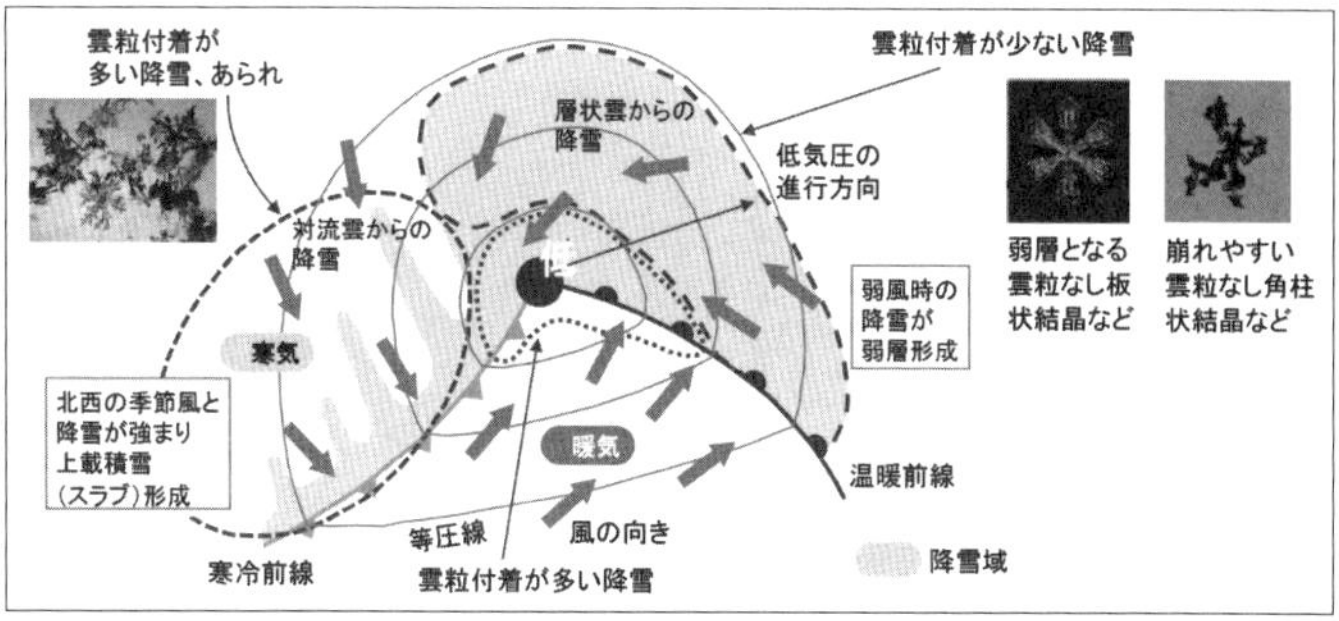

低気圧の降雪から降りやすい結晶形とその範囲の模式図（中村ほか、2013を一部改定）

図 5-7

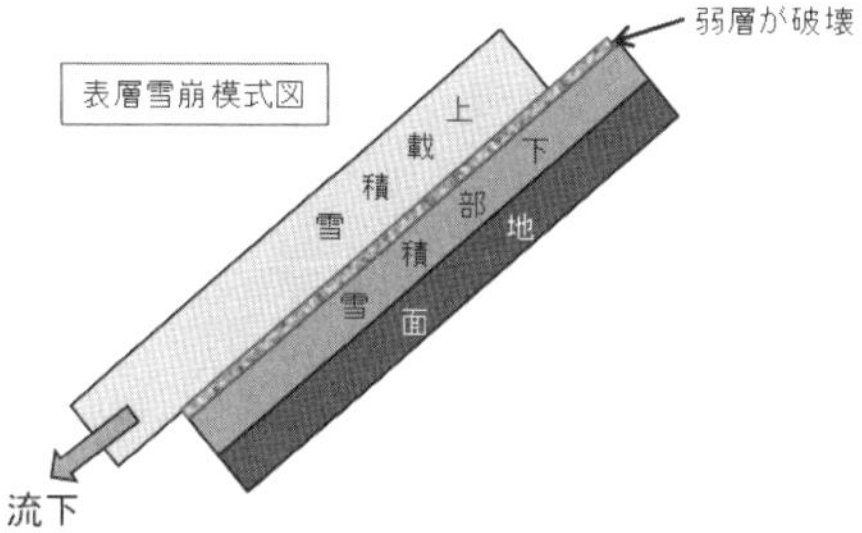

弱層を伴う表層雪崩発生の模式図

の降雪では、角柱状結晶等が観測された。降り積もった角柱状結晶等の安息角（雪の結晶の崩れやすさの目安）は、冬型の気圧配置のときに日本海側の対流雲（積乱雲等）から降る雲粒付き樹枝状結晶よりも小さいことが確認された（上石ほか、２０１４、２０１６）。これらのことから、低気圧進行方向全面の層状雲から降る雪粒子が積もった積雪層は、雪の結晶の形状に起因して崩れやすい性質を有していると考えられる。

さらに、角柱状結晶等の新雪は、雲粒付き樹枝状結晶の新雪に比べ、隣りの雪粒子との接点が少なく、焼結が進みにくいと考えられている。そのため、低気圧からの降雪中に、角柱状結晶等が上載積雪や下部積雪を形成し、板状結晶等の弱層が新雪中に含まれる構造になると、焼結が進んでいないサラサラしている新雪が流下する表層雪崩発生の危険性がより高まる。

低気圧性の降雪が原因となる表層雪崩には、ここまでに示した那須岳の雪崩のように、低気圧性の雪が降っている最中に、弱層と上載積雪が形成して発生する表層雪崩のほかに、低気圧性の降雪時に弱層が形成され、低気圧が通過した後の西高東低の冬型の気圧配置で上載積雪が形成されて、表層雪崩が発生するパターンがある（例えば、中村ほか、２０１３）。ここでは、前者をパターンA、後者をパターンBと定義した。それぞれの特徴を以下に紹介する。

図 5-8

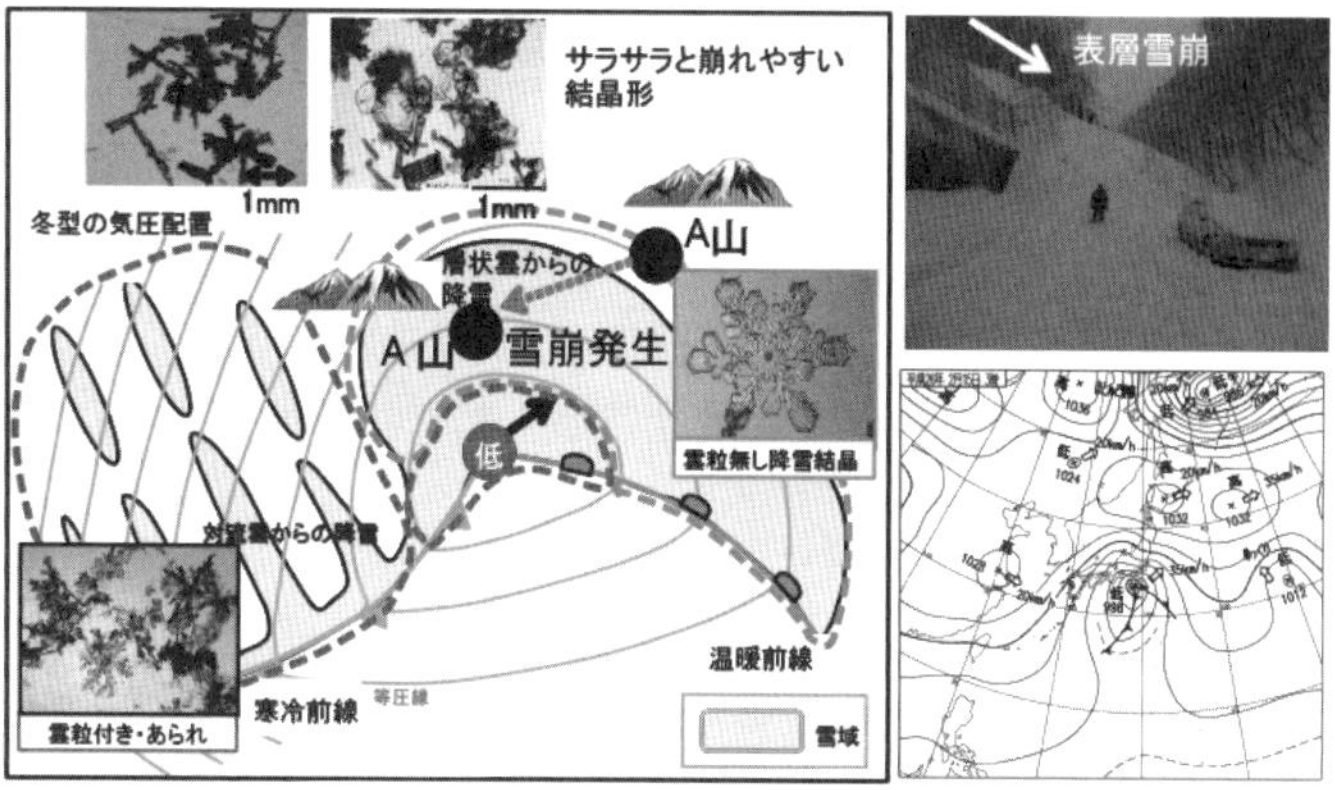

低気圧性降雪による表層雪崩発生パターンA模式図（左図）と雪崩発生事例。右上は、2014年2月15日、宮城県仙台市国道48号関山峠の表層雪崩発生例。右下は、雪崩発生前の降雪時（2014年2月15日3時）の気象庁地上天気図

図 5-9

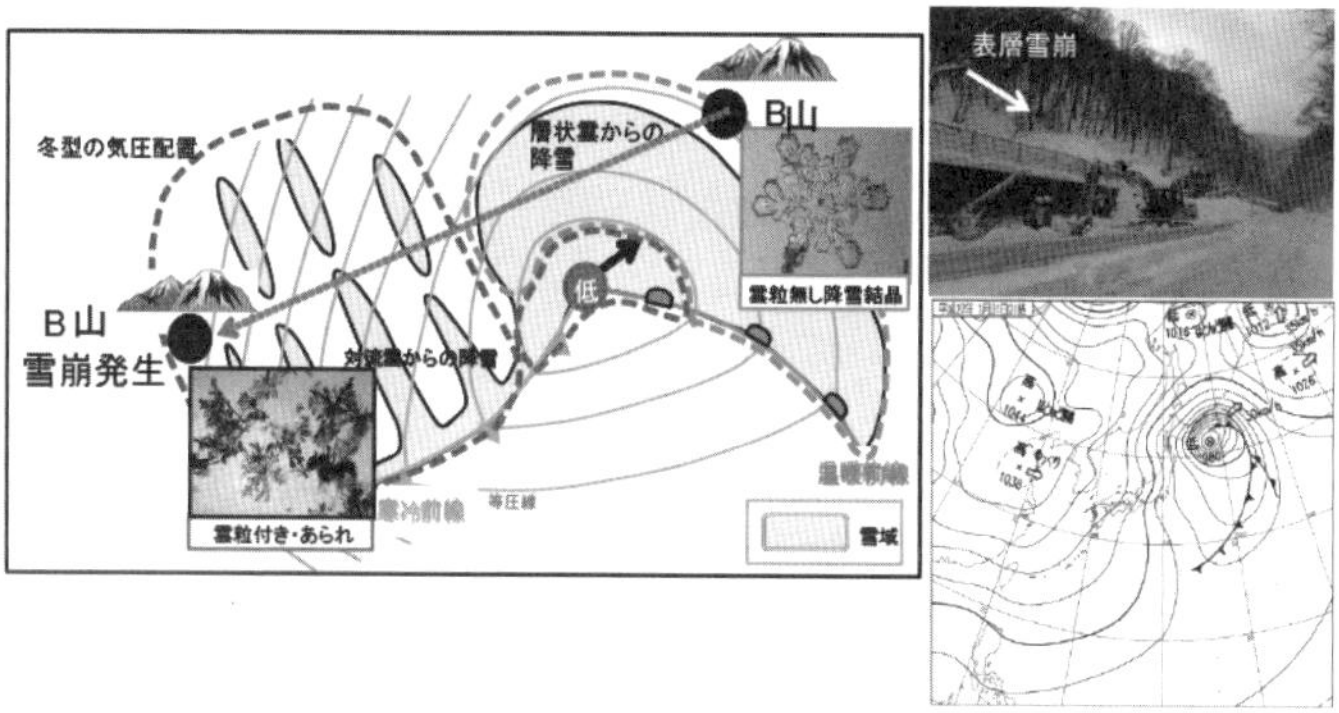

低気圧性降雪による表層雪崩発生パターンB模式図（左図）と雪崩発生事例。右上は、2015年1月31日、宮城県仙台市国道48号関山峠の表層雪崩発生例（写真は2月1日撮影）。右下は、雪崩発生前の降雪時（2015年1月31日21時）の気象庁地上天気図

・低気圧性降雪による表層雪崩発生パターンA

「低気圧進行方向前面の層状雲から降った雲粒なし降雪結晶（例えば板状結晶）で弱層が形成され、さらに同じ低気圧から降った雪（サラサラとしてグラニュー糖のように崩れやすいことが多い）や、同じ低気圧通過時にやや強い風を伴うことで形成された吹き溜まりが上載積雪となり、表層雪崩が生じる場合」を発生パターンAと定義した。発生パターンAの模式図を図5-8に示す。発生する表層雪崩の特徴として、多くは低気圧の降雪中に発生し、雪崩のデブリ（堆積）は粉状の雪で、樹木をすり抜ける場合があることが挙げられる。過去事例としては、本書で取り上げている二〇一七年三月の那須岳の雪崩のほか、二〇一四年二月の関東甲信、東北地方各地で生じた雪崩等がある（例えば、中村ほか、2014）。

・低気圧性降雪による表層雪崩発生パターンB

「低気圧進行方向前面の層状雲から降った雪で弱層が形成され、低気圧が通過した後の冬型の気圧配置による対流雲からの降雪や、季節風が強まることによる吹き溜まりが上載積雪となって表層雪崩が生じる場合」を発生パターンBと定義した。発生パターンBの模式図を図5-9に示す。発生する表層雪崩の特徴として、低気圧性の降雪で弱層が形成された後、冬型の気圧配置で雲粒付き結晶がたくさん降り、あるいは強い季節風で吹き溜まりができることで上載積雪が形成され、弱層の上に比較的丈夫な雪が載る状態（スラブ）になり、ブロック状のデブリを伴う表層雪崩が発生することが多い。過去事例としては、二〇一五年一月、新潟県妙高市粟立山・前山（山口ほか、２０１６）、二〇一五年一月、国道四八号関山峠雪崩（阿部ほか、２０１６）、二〇一三年四月、北海道富良野岳（日本雪氷学会北海道支部雪氷災害調査チーム、２０１３）等がある。

那須岳で発生したような低気圧性の降雪による表層雪崩にも種類があり、それぞれ特徴が異なることを知っておくことは、安全な登山のためには必要なことであろう。

第六章

雪崩発生

高まった雪崩の危険性

南岸低気圧が関東に接近し、三月二十六日十八時頃から那須岳では低気圧接近に伴う降雪結晶が降りはじめた。雪崩事故現場近くにある宿泊施設の防犯カメラの映像から、降雪結晶が降っていることがわかる。降雪結晶は南岸低気圧が接近しているとき、対流性の積乱雲などではなく層状雲から降る。天気は穏やかで風が弱く、静かに降るのが特徴だ。このとき降った降雪結晶（板状結晶）は、積もると空隙が多くなって脆《もろ》く、雪の結晶同士の結びつきが弱いので弱層になった。

こうして二十六日の深夜、すでに積もっていた雪の上に降雪結晶の弱層が形成された。午前二時頃から風が強まり、雪が激しくなった。南岸低気圧が那須岳の南方、太平洋沖を接近してきて、湿った北から東風が強まり、那須岳付近では地形性の下層雲が発生した。この下層雲と低気圧に伴う雲からの降雪が、那須岳の北から東斜面の降雪を強めて、局地的な短時間降雪を発生させた。

キャンプしていた小丸園地（標高約一二〇〇メートル）から約五〇〇メートル離れた大丸《おおまる》に

防犯カメラの映像
（降雪結晶）
3月26日18時40分

弱層形成の模式図（下部積雪）
弱層となる降雪結晶が降りはじめた。積もっていた下部積雪（しまり雪）の上に積もっていく

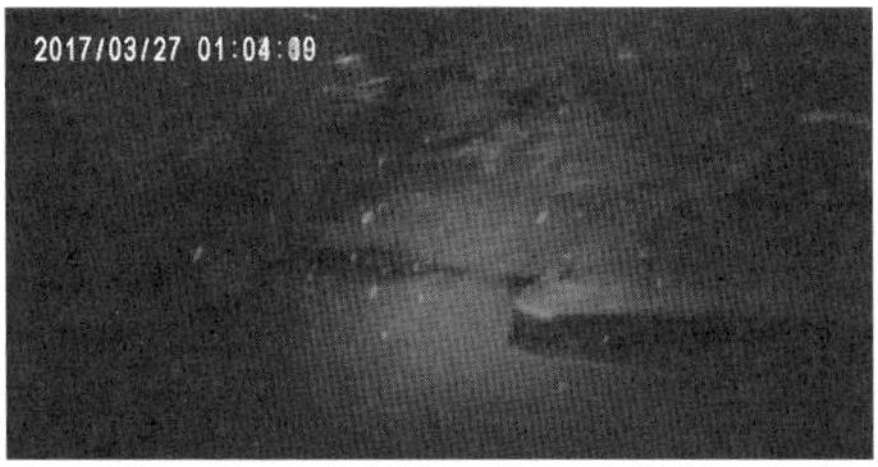

3月27日1時4分
降雪結晶が降り続き、弱層が形成されていった

弱層形成の模式図（弱層）
午前2時頃までに、下部積雪の上に降雪結晶の弱層が形成された

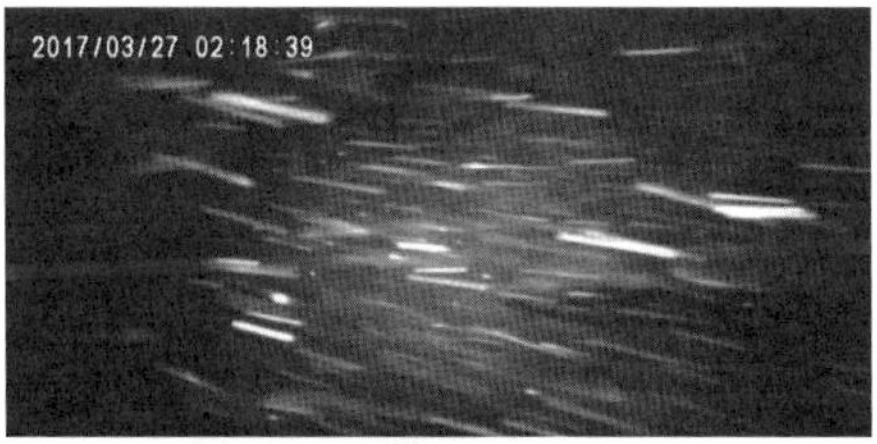

3月27日2時18分（吹雪）
低気圧が通過後、風が強まり、雪が激しくなった

弱層形成の模式図（上載積雪）
弱層の上に雪が積もり、上載積雪が増加していく

栃木県が設置している気象観測機器では、二十六日十八時から二十七日六時までの十二時間で二六センチの積雪増加が記録されている。さらに、那須岳は強風地帯として名を馳せている。雪崩が発生した斜面では、吹き溜まりが発達して上載積雪の量が多くなったはずだ。

降雪結晶（板状結晶）が降って弱層が形成され、その上にさらに雪が降り積もり、三月としては二十年に一度の大雪となる三〇センチほどの新雪が積もった。弱層に、人的要因によって力が加わわれば破断して、弱層とその上に積もっている雪（上載積雪）も破断して崩れ落ちる。このようなメカニズムで発生するのが表層雪崩だ。那須岳周辺では、表層雪崩発生の危険性が高まっていた。それが三月二十七日朝の状況だ。

しかし、教員たちは雪崩発生の危険性が高まっていたことに気づいていなかった。二〇一〇年の雪崩事故の原因を究明し、弱層が「降雪結晶」だとわかっていれば、降雪結晶が弱層になる雪質であり、南岸低気圧が接近するときに降り、雪崩の危険性が高まることを理解できたはずだ。

検証委員会の設置

栃木県教育委員会は事故から十五日後の四月十一日、「平成二十九年三月二十七日那須雪崩

3月27日午前6時の防犯カメラの映像。30センチほどの積雪になり、天気は穏やかになった

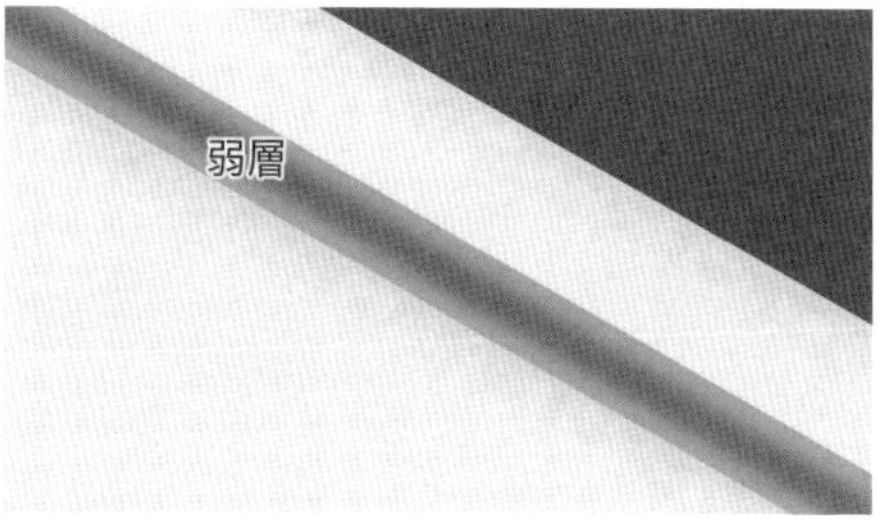

3月27日朝の積雪の状況（弱層＋上載積雪）。表層雪崩発生の条件がそろった

事故検証委員会」を設置した。委員には学識経験者、登山関係者、医療関係者、気象関係者ら十名が任命され、委員長に戸田芳雄（東京女子体育大学教授）、副委員長に西村浩一（名古屋大学教授）が選出された。

検証委員会設置の目的は、事故の原因を含む状況や課題等について調査・検証を行なうとともに、事故の再発防止に対する提言を行なうことと定められている。

検証委員会の基本方針が示されている。

・責任追及を目的としない。

・事故の背景事情を把握し、関係者の疑問に答え、納得できる調査・検証を目指す。

このような基本方針に基づき検証委員会が開催され、四月十六日に第一回、その後、毎月一回のペースで開催された。最後となる第七回は十月十五日に開催され、報告書が取りまとめられた。検証委員会が行なった活動は、教育委員会が実施した基本調査の確認や追加調査、延べ一二七名の関係者からの聞き取り調査だ。報告書は、事故発生からわずか七カ月後に公表された。私はこれほどの短期間で公平、客観的、詳細な報告書を取りまとめた検証委員会を高く評価し、敬意を表したい。

表層雪崩の模式図

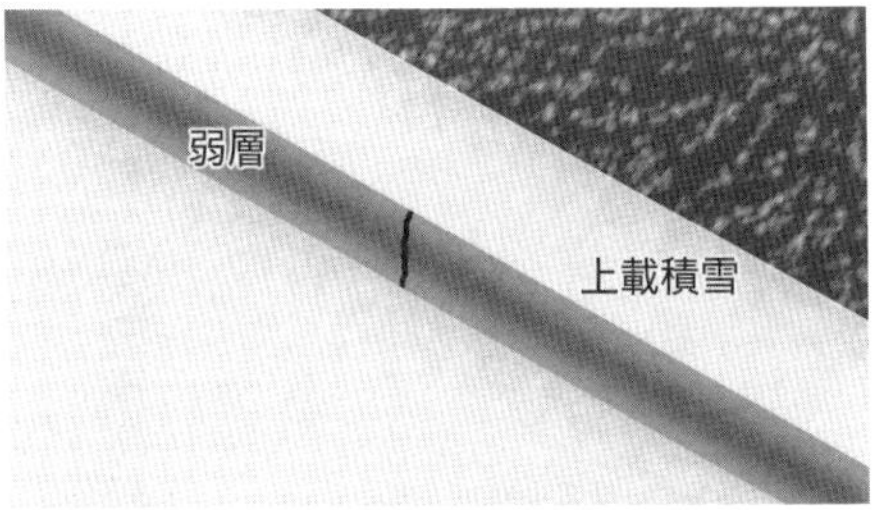

弱層に人的な力が加わり、破断する

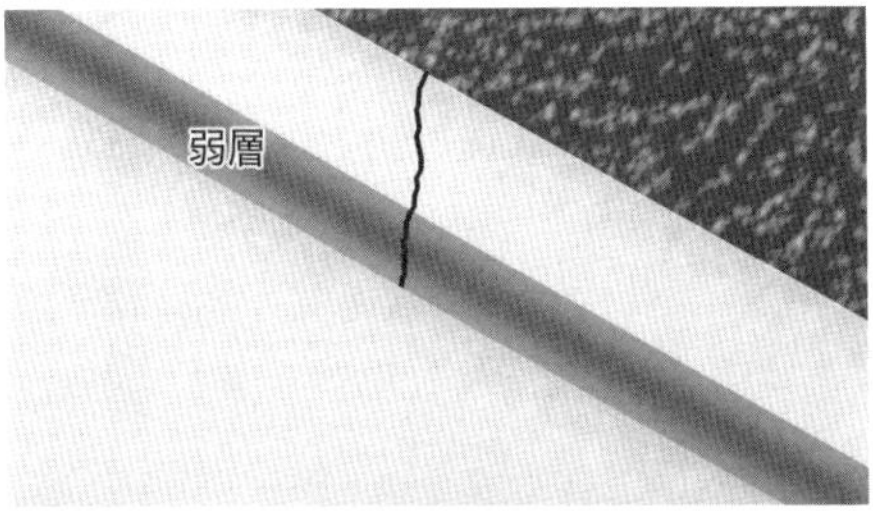

上載積雪も破断する

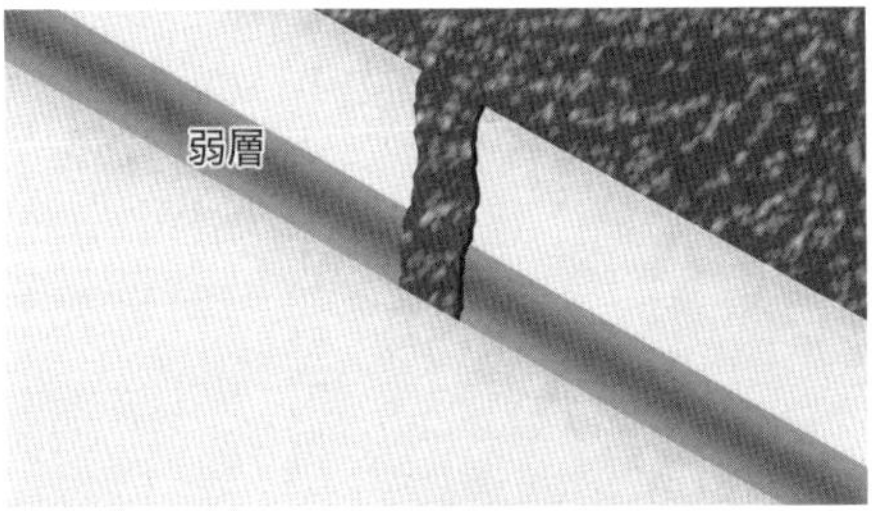

弱層と上載積雪が破断、崩れ落ちて表層雪崩が発生する

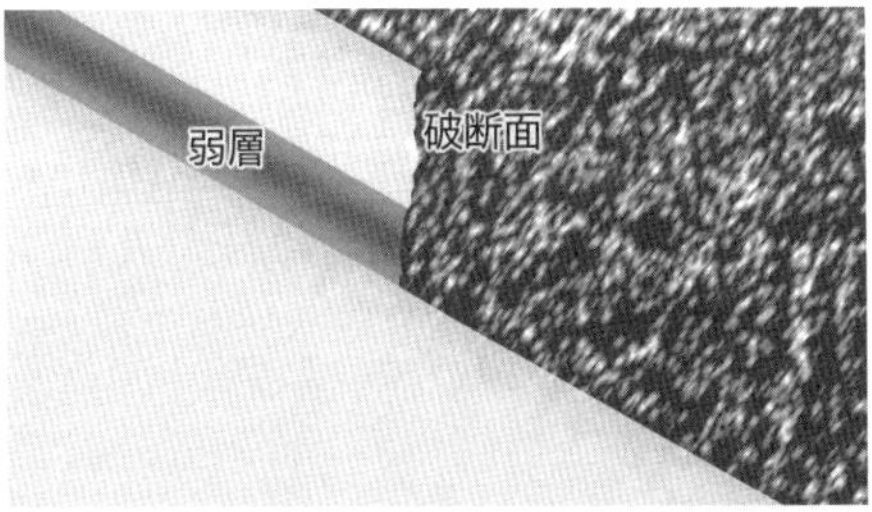

表層雪崩の破断面が残される

一班は大田原高校、二班は真岡高校

三月二十七日、「春山安全登山講習会」に参加していたのは七校、生徒四十六名、教員十名。このうち雪崩に巻き込まれ、事故現場にいたのは六校の生徒四十名、教員八名だ。死亡したのは生徒七名、教員一名の八名。生徒六名、教員一名の七名が重傷を負った。

生徒たちは五班に分けられ、一班、二班、三班、四班が雪崩に巻き込まれた。

二班は真岡高校の二年生三名と一年生五名、宇都宮高校の二年生五名の十三名のはずだった。しかし、宇都宮高校の二年生たちは、ロングスパッツや手袋をテントの外に出したまま眠った。夜に降った雪のため濡れてしまったので、ロングスパッツを付けず、手袋をはめないでセンターハウス前に集合した。それを見た二班講師の渡辺前委員長は、「装備が不十分なので、参加するかテントキーパーになるかの判断は君たちに任せる」と言った。二年生は参加しないことを決め、テントに残ることになった。宇都宮高校の一年生八名は装備に問題がなく、訓練に参加している。

二班は宇都宮高校の二年生がいなくなり、真岡高校生徒だけになった。こうして一班と二班だけが、単独校の班になった。

大田原高校と真岡高校は、全国高校総合体育大会への出場を争うライバル校だ。大田原高校は二〇〇八年から九年連続で高校総体に出場しているのだが、真岡高校が大田原高校を脅かす存在になっていた。

五班は女子生徒の班で、矢板東高校二名、真岡女子高校四名、講師は真岡女子高校の教員の七名。雪崩発生のときはスキー場のゲレンデにいて、キャンプ地へ引き返している。

講習会の責任者である猪瀬修一登山専門部委員長（大田原高校）は、計画変更に関わったが、生徒たちがラッセル訓練に出発するのを見送ると本部の旅館へ戻っている。

表6-1に、三月二十七日の班の構成をまとめた。

沈黙する教員たち

那須雪崩事故の真相を知るため、私は雪崩事故現場にいた七名の教諭と猪瀬登山専門部委員長（以下、委員長）を取材したいと考えていた。特に、猪瀬委員長、一班講師の菅又教諭、二班講師の渡辺登山専門部前委員長（以下前委員長）の取材は不可欠だ。菅又教諭は負傷したため救助活動を行なえなかったが、捜索救助活動に携わった六人の教諭から救助隊が到着するまでの捜索救助（コンパニオン・レスキュー）がどのように行なわれたのかを取材したかった。なぜなら、検証委員会の報告書では、捜索救助の状況が詳しく触れられていない。生存救出を考えるなら、雪崩事故現場にいる人たちが、救助隊到着までに行なうコンパニオン・レスキューが非常に重要になる。今後の雪崩事故対策のためにも必要な検証だと私は考えている。

教員たちへ手紙や電話、自宅を訪問するなどして取材を依頼したが、応じてもらえなかった。教員たちは、沈黙を貫いている。

そこで教育委員会が行なった生徒と教員への書面調査、聞き取り調査、検証委員会が行なった聞き取り調査を元にして、三月二十七日の事故当日の状況を明らかにしたいと思う。

大雪

七時に茶臼岳登山に出発する予定だったので、生徒と教員たちは午前五時頃に起床した。夜に降った大雪に驚くことになる。

「予想以上の雪が積もっていた。テントの出入り口を塞ぐくらい。一メートル近くあったか？先にテントを出たほかの班の人が、除雪して出入り口を確保してくれて外に出た」（当時大田原高校二年生）

「テントの半分が雪に潰れていて、自分の上だったので支えていた。外に出ようとしたが、雪が積もっていたので出にくかった。外に出て雪が多く驚いた。二人でテントを除雪。ほかのテントの除雪もしてあげた」（当時矢板東高校二年生）

「朝、雪を見たときに、その雪の量から〝今日は行動がないだろう〟と思った。テントの半分が雪で潰されていた」（当時矢板東高校二年生）

「ときどき目が覚めたときに雪が降っていることは気がついていた。〝今日は登山ないだろう〟と思っていた」（当時矢板東高校二年生）

雪山の登山、キャンプ経験があるのは大田原高校、真岡高校、真岡女子高校の三校だけだ。三校は毎年冬休みに合同で、テント泊をして日光白根山を登っている。事故前年の山行では、膝下ほどの積雪をラッセルして登っている。雪山登山の経験がある三校の生徒たちにしても、この朝ほどの大雪を経験したことがない。ほかの高校の生徒たちにとっては、初めての体験に違いない。

雪の重みで潰れかかるテント。一晩で膝丈ほども降り積もった雪。〝今日は登山はないだろう〟と思う生徒がいたのも不思議ではない。

では、教員たちはどのように状況をとらえたのか。

「テントから外を見たら膝丈くらいの雪が積もり、少し強めの雪が降っていた」（矢板東高校教諭）
「駐車場の車中で宿泊。車の上に一五センチくらい雪が積もっていることを確認した」（矢板中央高校教諭）
「テントの全周に滑り落ちた雪がたまり、寝ていても圧迫感を感じた。自分と生徒のテントの間に雪を踏み固めて作っておいた道を移動する際、すねの中程まで雪に埋まった。今日は（登山が）中止になるだろうと思った」（真岡女子高校教諭）

生徒と教員の多くが大雪だと受け止めていた。「積雪が一五センチくらい」としている教員は一人だけだ。二人の教員が「すねの中程」、「膝丈くらい」と雪の深さを報告している。キャ

3月27日6時49分のキャンプ地。大雪になった

6時52分、センターハウス前の積雪状況

ンプ地から約五〇〇メートル離れた大丸に設置されている栃木県の気象観測機器での記録では、午前六時の積雪三一センチ。「すねの中程」、「膝丈くらい」という積雪深の報告は正しいと思う。生徒も教員も「登山は無理だ」と感じるほどの大雪が降ったのだ。

では、猪瀬委員長、菅又教諭、渡辺前委員長は雪の状況をどう受け止めたのか。

菅又教諭は午前五時に起床、キャンプ地からスキー場のセンターハウスまで三〇〇〜四〇〇メートルを歩き、雪の状況を確認したという。

「前日夜からの雪で積雪約一五センチを確認したが、起床時には小雪がわずかに降る程度。風はほとんどなかった」

渡辺前委員長も起床してスキー場センターハウスまで歩いている。

「風は弱い。ゲレンデ付近の積雪が一五センチ程度」

積雪は一五センチと二人の認識は一致する。すねの中程、膝丈くらいと認識したほかの二人の教員と異なっている。本部にいた猪瀬委員長はどう認識したのか。

「テント場にいる教諭に電話をかけ、雪がかなり積もっていることを知った」

午前六時頃の電話のやりとりは次のようなものだった。

「猪瀬委員長から電話。〝本部にいるがテントサイトの積雪はどうか〟。テントから出てトイ

レに行くのも大変なので、今日は無理だと思いますよと回答した」(那須清峰高校教諭)

猪瀬委員長は生徒をテントに待機させることを決めた。

「雪がかなり降り、天気は良くならないと感じた。予定どおりの計画は多分できないだろう」

この日の予定は、午前七時に那須温泉ファミリースキー場を出発して茶臼岳(一九一五メートル)に登山。十一時までに下山することになっていた。

教員の登山歴

前日、講習終了後に猪瀬委員長(50)、主任講師の菅又教諭(48)、渡辺前委員長(54)の三名は、二十七日午前六時の様子を見て、行動を決定することを決めていた。三名が行動決定に関わる理由は現委員長、前委員長、主任講師という立場もあるが、ほかの教員に比べ登山経験が長いからだ。

二十七日の講習会に参加した十名の教諭の登山経験年数と顧問歴、正顧問歴を表6-2にまとめた。

登山歴と顧問歴が同じ、もしくはほぼ同じ教員が八名だ。これは、教員になってから登山を始めたことを意味している。登った山の記録を見ても、山岳部の山行しか経験していない。引率教員として参加し亡くなった毛塚教諭（29）のように、新任の若い教員という理由で、山岳部顧問に任命される栃木県教育界の現状を物語っている。

登山歴が顧問歴より長いのは二名。渡辺前委員長と菅又教諭の二人だけだ。菅又教諭は真岡高校山岳部のOBで、大学生のとき登山専門部が派遣したムズターク峰（六三三八メートル、一九九〇年）登山隊に参加し、教員になってからニンチンカンサ（七二〇六メートル、一九九五年）、コングールチュビエ峰（二〇〇〇年）の登山隊に参加している。そして二〇一一年から二年間母校、真岡高校の教員になり、山岳部顧問になった。二〇一三年から三年間は真岡高校を離れ、二〇一六年に再び真岡高校勤務となって山岳部顧問に復帰。登山専門部副委員長に就任した。登山歴が最も長いのが渡辺前委員長で、三十五年だ。調査記録を見る限り、難易度の高い冬山登山や海外登山の記録はなかった。

登山経験は猪瀬委員長二十二年。委員長に就任したのは二〇一一年。委員長として臨んだ六回目の春山安全登山講習会だった。

「自分が委員長になってからは、本部に一人残るということが多く、六年間、ほかの教員に任せてしまっていたので、自分がどういう行動を取るかは考えなくなっていた」

表6-1　3月27日の班体制

訓練班	講師	学校名	引率教員	2年生	1年生	生徒合計	合計数
1	菅又久雄(真岡高校)	大田原高校	毛塚優甫	6	6	12	14
2	渡辺浩典(真岡高校)	真岡高校	—	3	5	8	9
3	矢板東高校教諭	矢板東高校	—	5	0	9	12
		那須清峰高校	那須清峰高校教員A・教員B	4	0		
4	矢板中央高校教諭	矢板中央高校	矢板中央高校	2	1	11	13
		宇都宮高校	—	0	8		
5	真岡女子高校教諭	矢板東高校	—	0	2	6	7
		真岡女子高校	—	0	4		
本部	猪瀬修一	大田原高校					1
			4	20	26	46	56

表6-2　3月27日講習会に参加した教員の登山歴と顧問歴

		氏名（年齢）	登山歴（年）	顧問歴（年）	正顧問歴(年)
	本部	猪瀬修一　(50)	22	21	18
1	1班	菅又久雄　(48)	33	11	4
2		毛塚優甫　(29)	1	1	-
3	2班	渡辺浩典　(54)	35	26	17
4	3班	講師　(36)	8	7	-
5		引率教員A (28)	2	2	2
6		引率教員B (23)	1	1	1
7	4班	講師　(27)	5	5	3
8		引率教員C (43)	16	16	-
9	5班	講師　(43)	4	4	1

現場のことは登山歴が長く信頼できる渡辺前委員長、菅又教諭に任せるというのが、猪瀬委員長の考えだったのだろう。

三人による計画変更の話合い

午前六時十分頃、菅又教諭は猪瀬委員長からの着信履歴に気がつき電話をかけた。「テント内で待機」という方針が伝えられ、菅又教諭はすべてのテントを回って伝えた。茶臼岳登山を中止するという認識は、三人が一致していた。菅又教諭と渡辺前委員長は同じテントに泊まっていたので、二人が話し合っている。雪が多く、テント撤収にいつも以上に時間がかかると考え、終了時間を早めることにした。

- 集合時間を三十分遅らせ七時三十分とする。
- 講習終了時間を九時三十分とする。

講習は二時間。どのような講習をするか。菅又教諭は峰の茶屋跡近くまでの往復を提案し、渡辺前委員長はスキー場周辺でのラッセル訓練を提案した。

「雪が降っているが那須としては風がなく、独自の冬山合宿を実施している学校が減っているので、ラッセルを体験させるには良い機会であり、スキー場付近の樹林帯の尾根筋であれば安全である」

菅又教諭は、こう述べている。

「どちらかというとスキー場の上部でと言ったのは、渡辺先生である」

渡辺前委員長の言う「樹林帯の尾根筋」とはスキー場の上部、尾根の上を意味していたが、菅又教諭の認識は、スキー場ゲレンデに隣接する樹林帯だった。

七時二十分頃、本部から猪瀬委員長が来て、センターハウス前で三人が話し合った結果、「茶臼岳登山を中止し、スキー場周辺で歩行訓練を行なう」ことが決まる。猪瀬委員長の〝訓練場所〟の認識はスキー場ゲレンデ内だった。

では、「歩行訓練」とはどのような訓練を想定していたのだろうか。渡辺前委員長は、菅又教諭との話し合いで〝ラッセル〟という言葉を使っている。

検証委員会の聴取で菅又教諭は、「ラッセルを体験させると計画したのは渡辺先生である」と答えている。〝ラッセル〟とは雪をかき分けて歩くことだが、渡辺前委員長が考えるラッセルとは何か――。

「一般にいうすごい雪をかき分けるものではない。キックステップで新雪を踏むこと」だという。そして訓練の目的は、「新雪が付いたので、最近冬山合宿をやっている学校が減ったので新雪に触れるということ。キックステップを新雪でやるということ」と述べている。

「キックステップ」とは、雪面に登山靴の先端やかかと部分を蹴り込んで登ったり、下ったりする歩き方だ。キックステップは平坦な場所ではなく、斜面での登り下りに必要とされる技術だ。高校山岳部の活動なら、夏山の雪渓を歩くときに必要な技術だ。雪渓をキックステップで歩くことができなければ、滑落する危険性が出てくる。そのため前日、キックステップの歩き方が講習されていた。

渡辺前委員長が想定する「ラッセル訓練」とは、ゆるやかな斜度のゲレンデを歩くことではなく、スキー場周辺の急斜面をキックステップで登ることだったのではないか。

尾根の上の訓練

午前七時二十分頃、センターハウス前に集まる直前、菅又教諭は渡辺前委員長にこう言われ

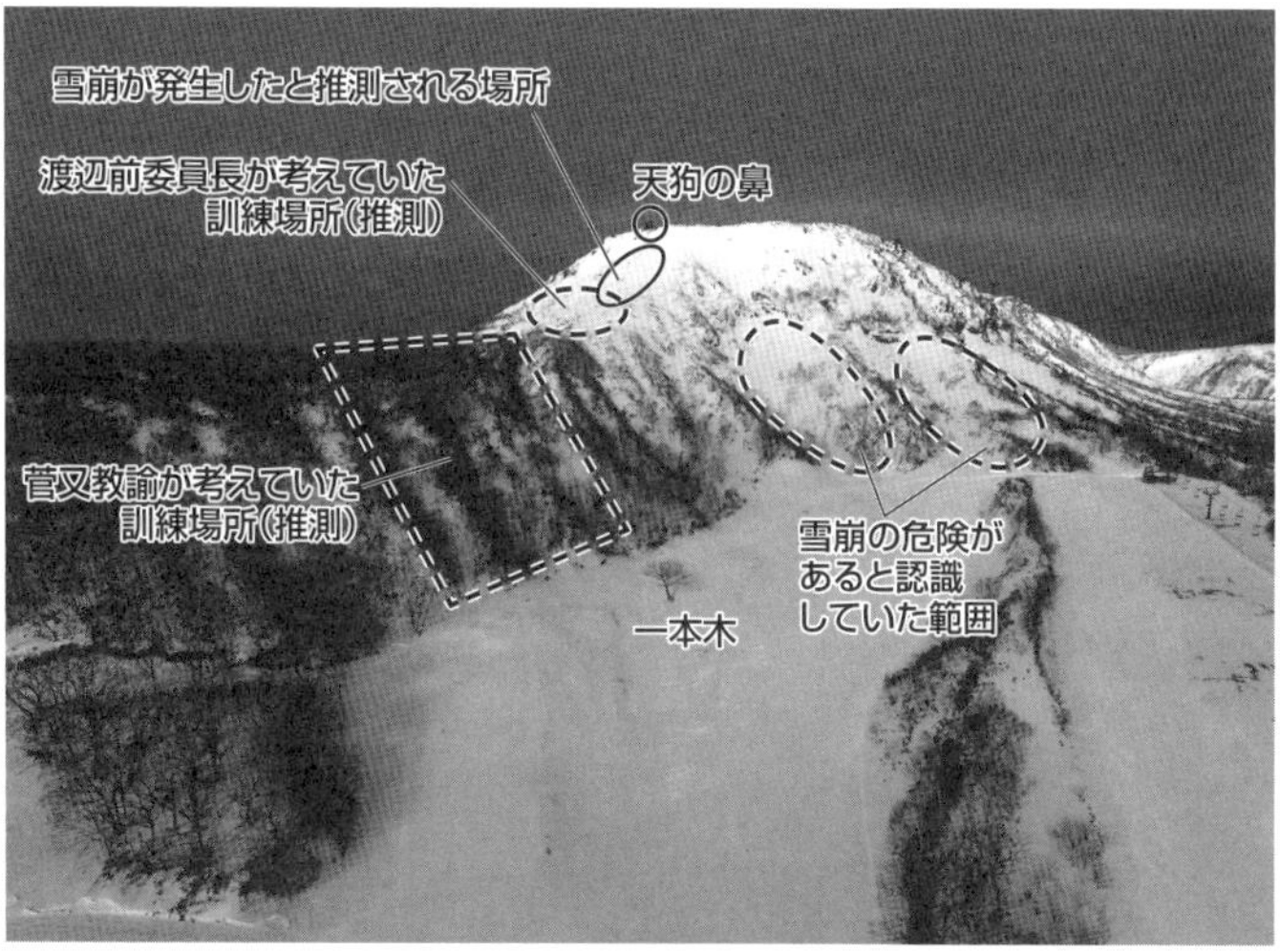

雪崩の危険があると認識されていた斜面と菅又教諭と渡辺前委員長が考えていた訓練場所

たという。

「樹林帯を使って訓練をしよう。昨日と同じ班ごとの行動にしよう」

菅又教諭の〝樹林帯〟の認識は、一本木の左手、スキー場に隣接する灌木が生えている一帯だ。渡辺前委員長が認識する〝樹林帯〟は、雪崩事故現場となった尾根の上だった。認識する訓練範囲に食い違いが生じていた。

渡辺前委員長の提案が受け入れられ、班別に行動してゲレンデと樹林帯でラッセル訓練することが決まった。

渡辺前委員長は、なぜ雪崩事故現場となった尾根の上を訓練場所と考えたのか。理由は、そこで訓練を行なった経験があったからだ。積雪が少ない年、尾根の上で訓練を行なった写真がある。二〇〇八年三月の講習会で、滑落停止訓練やキックステップの訓練、ロープを使っての歩く訓練などが行なわれている。この付近で訓練が行なわれたのは、二〇〇八年三月。渡辺前委員長は二〇〇八年に、この尾根の上で訓練していた。

「私がこの場所（雪崩事故現場となった尾根の上）に行ったのは今回が初めてだった。また、樹林帯やこのあたりを使って訓練をするというのは、渡辺教諭に言われて行なった。五月二十八日（二〇一七年）の高体連登山専門部による遺族への説明会の際に、十年前事故現場周

2008年３月、尾根の上、樹林限界を越える斜面で雪上訓練が行なわれた

尾根の上の急斜面で滑落停止訓練を行なう。この場所は雪崩が発生した場所付近だ

「天狗の鼻」付近まで登ったことがあるという

辺で訓練をしたことがあるということを初めて知った。そのことがあったので、渡辺先生は樹林帯を上がってという言葉が出てきたのだと思った」

菅又教諭は、尾根の上で訓練をした経験がなかったのだ。

午前七時三十分に三班、四班の講師の教員二人が加わり、菅又教諭が話し合いの結果を伝えた。生徒たちの集合が遅れていたため、出発時間がさらに三十分遅れることになった。

- センターハウスを八時前に出発し、九時三十分までに戻る。
- 十時にテント撤収を開始する。
- 第二ゲレンデ上部の危険なエリアには立ち入らない。

訓練範囲について菅又教諭が、

「ゲレンデや一本木のところ。さらに樹林帯に入って尾根に出たところまで」

と説明した。

危険箇所については、渡辺前委員長がスキー場案内図を使って説明した。危険箇所とは、第二リフト降り場から左手の急斜面周辺だ。急斜面で発生した雪崩がゲレンデまで流れ、死傷者が出る雪崩事故が起きているからだった。

「一本木までラッセルをして登り、一本木から左手の樹林帯に入り、尾根の上まで登る」

これが菅又教諭はじめ、講師たちの認識だった。だが、渡辺前委員長は、尾根の上の樹林帯を越えた斜面を訓練範囲と想定していた。具体的な議論がされなかったため、訓練範囲の認識が食い違ったままだった。

一本木から尾根へのルート

最初にセンターハウスを出発したのは真岡高校だけとなった二班だった。縦一列になって歩き出した。

「雪崩の危険があると指摘したところが周知されていないようだったので、自分はなるべく（ゲレンデの）端の方を歩いて、自分よりも上に行く班がいたら、行かない方がいいとわかるように上の方を行っていた。次に一本木を目指した」

このコースの取り方は明らかに、最初から尾根の上へ行くことを考えていたと私は思う。

二番目に出発したのは、一班大田原高校。菅又教諭が横一列になって歩くよう指示し、十二名は横に広がって一本木を目指した。菅又教諭によれば、「大田原高校は体力があり、あっという間、十分くらいで（一本木に）着いた」という。この段階で、大田原高校は真岡高校を追い抜き、先に一本木に着いている。

一班に続き三班、四班も横一列になって一本木を目指した。

菅又教諭は、一本木からは縦一列になって登るように指示をする。雪崩を避けるため、沢筋ではなく尾根筋を行くようにと指示をしているが、「自由に行っていいよ」と生徒たちに言った。先頭を登ったのは体力がある二年生の二人。二人が先頭を交代しながら登り、二年生、一年生、毛塚教諭、菅又教諭が続いた。

二班真岡高校を率いる渡辺前委員長は、一班大田原高校が一本木から左側の支尾根を登り始めたのを見て、次のように判断し行動したという。

「一班が尾根に着くのを確認したため、新しい雪を踏むため一班の一つ奥の尾根が少し高くなっているところに着くようにした。随時、目印がある木を目指して行くことにして、左の尾根沿いに上がった」

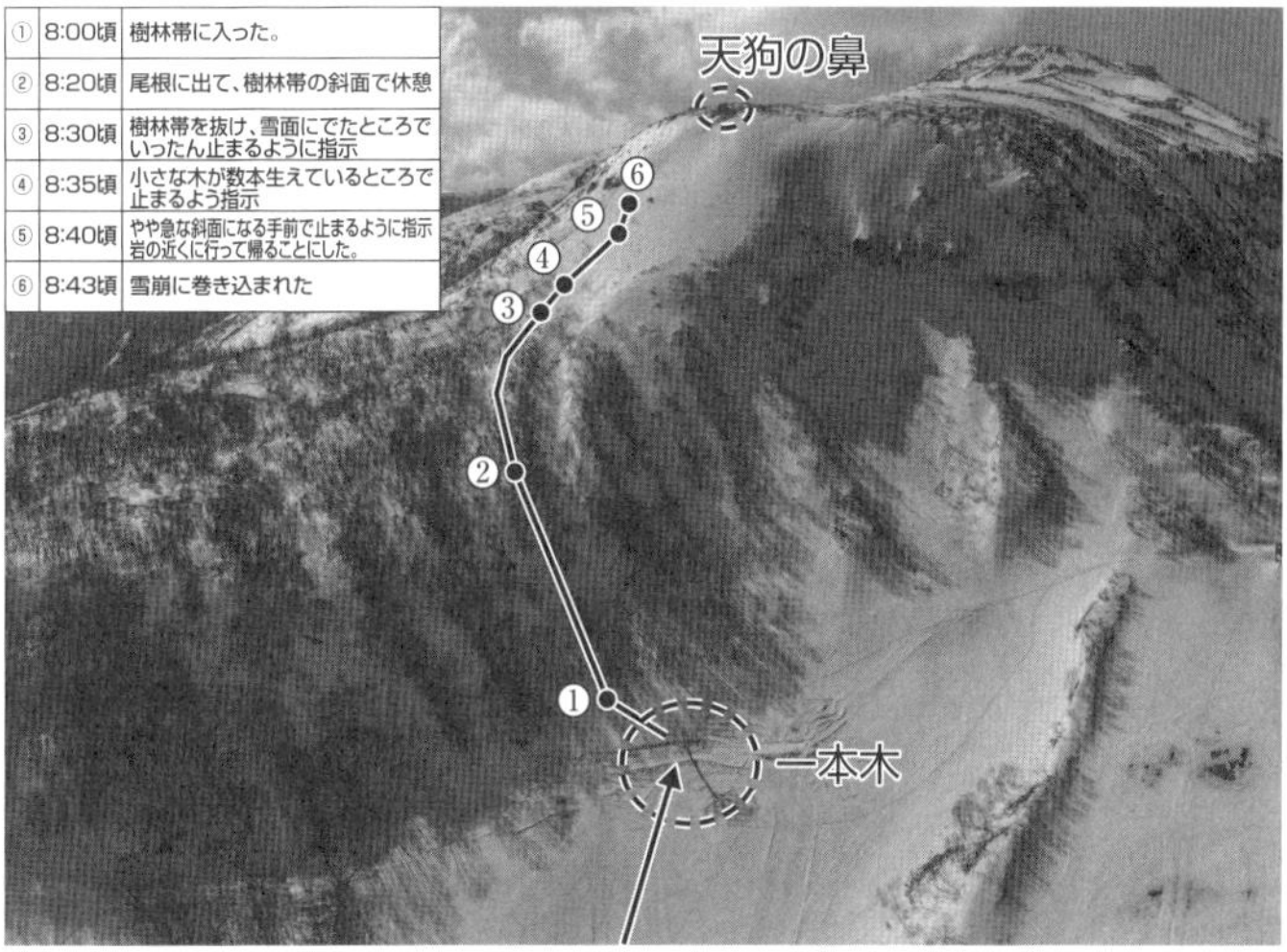

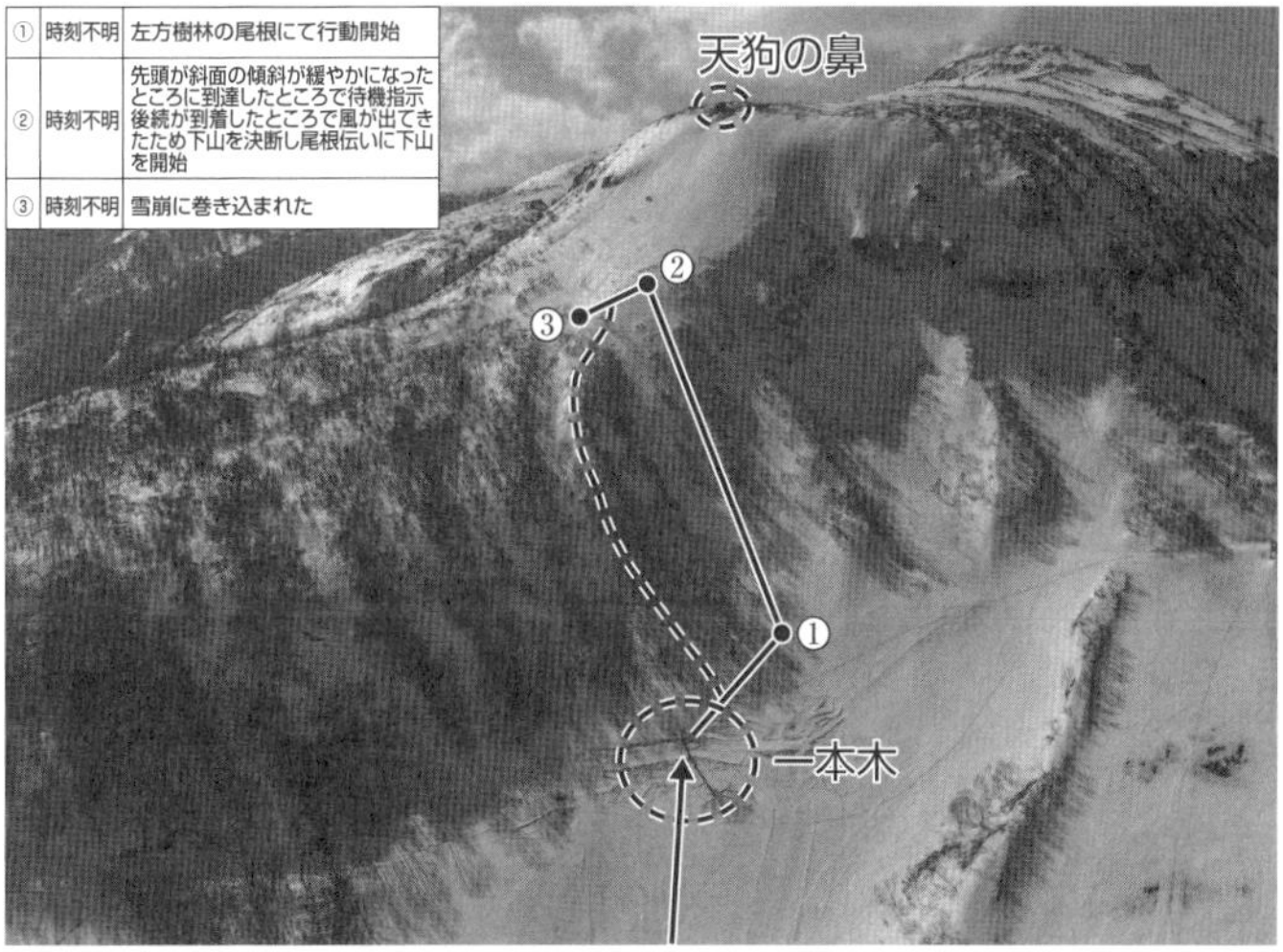

各班の講師への聞き取り調査に基づくルート図。上が1班のもので、下が2班のルート図。破線は推定ルート。検証委員会報告書から

検証委員会は、教員らに登ったルートを地図や航空写真に記入することを求め、各班の一本木から雪崩遭遇地点までのルートを特定している。

左下の写真は、菅又教諭への聞き取り調査結果に基づく一班のルートと、渡辺前委員長への聞き取り調査結果に基づく二班のルートだ。「一班の一つ奥の尾根が少し高くなっているところに着くようにした」という渡辺前委員長の証言に基づくなら、破線が二班のルートになると思う。二〇一七年四月に現地調査を行なった私は、実線のルートは登山に適していない地形だと思った。なぜなら、一班のルートに比べ斜度がきつく、樹木が少なく、尾根に出る直前は樹木がない急斜面で、雪崩の危険性が高い。高校生を登らせる安全なルートと思えないからだ。

報告書のルートが違う

二〇一八年三月、私は一班のルートを確認するため山岳部の部長に就任し、山岳部の立て直しに努力していた三輪浦淳和さんと一本木へ登った。三輪浦さんは、事故当時一年生だ。一班が登ったルートを尋ねた。すると一班が登ったのは、報告書のルートと全く違う支尾根だと証言した。報告書のルートより、さらに左側の支尾根沿いなのだ。ほかの複数の生徒に確認する

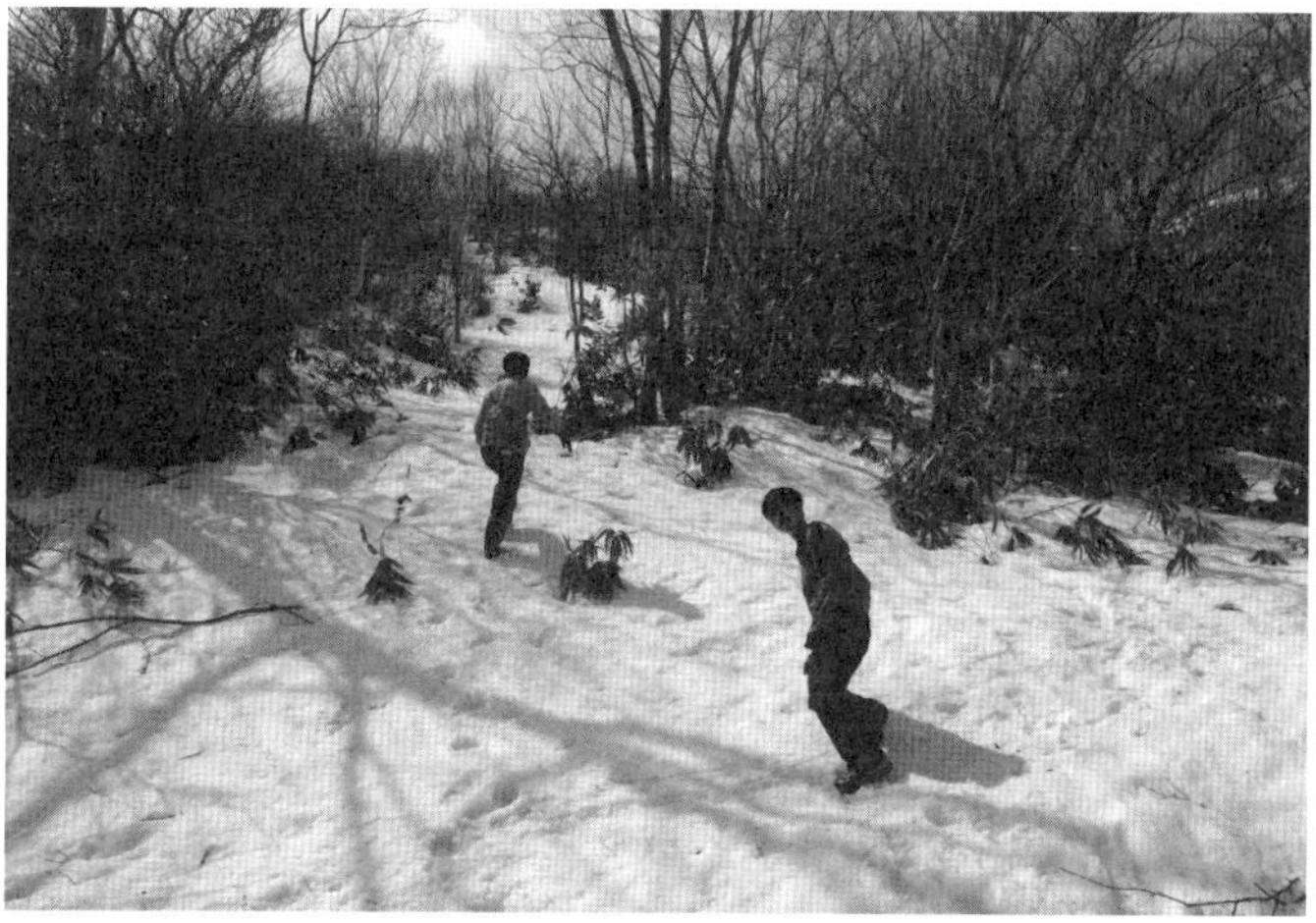

2018年４月１日、１班が登ったルート示す三輪浦淳和さん

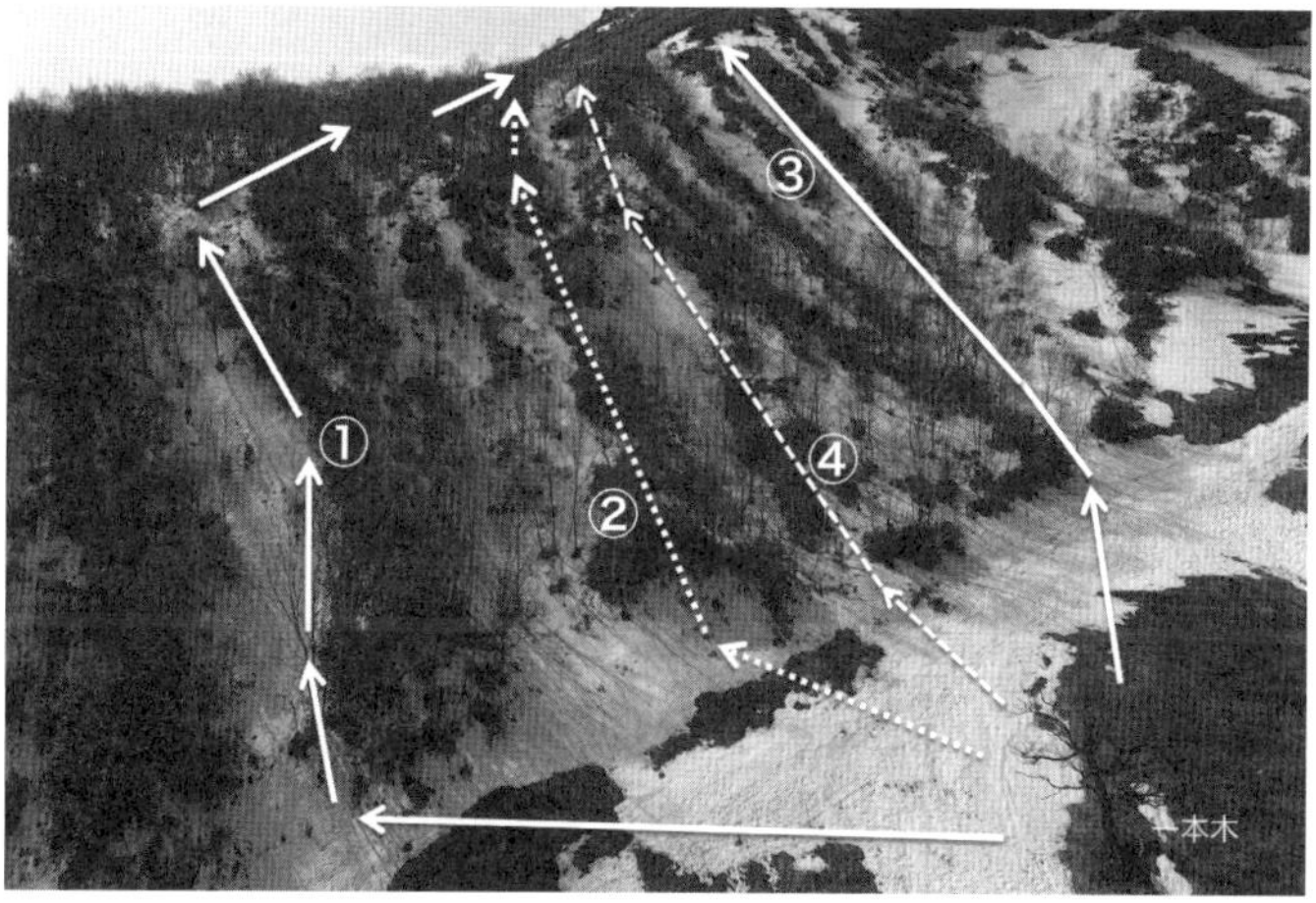

部員が証言した１班のルート（①)、検証委員会の報告書の１班のルート（②)、報告書の２班のルート（③)、防災科研推定の２班のルート（④)

と、三輪浦さんの証言ルートが正しいと言う。

そうなると、「一班の一つ奥の尾根が少し高くなっているところに着くようにした」という渡辺前委員長の証言を正しいと考えれば、報告書の一班のルート（白線）が、二班のルートになってしまう。

三班、四班は一班の足跡を追って同じルートを登っている。従って、報告書の一班、二班、三班のルートは、すべて違っていることになる。私は教員たちが、地形を正確に把握できず、地形図からルートを判断することもできていないと判断した。

そのため、二班のルートも違っている。

それが、私の推測となった。

ライバル校

大田原高校山岳部の一班。真岡高校山岳部の二班。両校は全国高校総合体育大会への出場を争うライバル校だ。大田原高校は、二〇〇八年から九年連続で出場し、二〇〇八年に五位、二〇一〇年に六位、二〇一四年に七位、二〇一六年に七位に入賞している。最近は栃木県予選

表6-3　県予選の大田原高校と真岡高校の成績

2009年県予選成績	1位 6位	大田原高校 真岡高校	98.40点 38.90点
2010年県予選成績	1位 5位	大田原高校 真岡高校	97.59点 59.94点
2011年県予選成績	1位 6位	大田原高校 真岡高校	96.70点 42.50点
2012年県予選成績	1位 5位	大田原高校 真岡高校	96.90点 79.88点
2013年県予選成績	1位 2位	大田原高校 真岡高校	98.50点 91.18点
2014年県予選成績	1位 3位	大田原高校 真岡高校	98.90点 92.45点
2015年県予選成績	1位 2位	大田原高校 真岡高校	98.70点 97.78点
2016年県予選成績	1位 2位	大田原高校 真岡高校	97.60点 97.25点

で両校の成績が拮抗していた。県予選は、三人の選手が合計四五キロの荷物を背負い、定められた区間を通過する時間を競う競技に五十点。テント設営、地図読み、天気図作成、装備などの評価に五十点。合計一〇〇点の得点によって争われる。表6-3は、二〇〇九年から二〇一六年の県予選における大田原高校と真岡高校の成績だ。

二〇〇九年から二〇一一年は、大田原高校は真岡高校に大差をつけている。二〇一二年から真岡高校の成績が上がり始め、二〇一五年、二〇一六年の点差は一点未満となり、二〇一六年には、〇・三五点の僅差になっている。

大田原高校にとって真岡高校は、全国高校総体出場を脅かす存在であり、真岡高校にとって大田原高校は、打ち破るべき存在だった。両校は、ライバル校なのだった。

樹林限界へ

支尾根は四十度を越える急斜面だ。なだらかになる手前で一年生の一人の足が痙《つ》りそうになったため、一班は休憩する。この休憩のとき、菅又教諭は各班の講師に無線連絡をしている。

「何かあれば無線で連絡を下さい」

この日、一時間半の行動だったので定時交信を行なうことは決められていなかった。後から三班が迫ってきたので、一班大田原高校は先へ進む。斜面は緩やかになり、木がまばらな樹林限界まで登った。菅又教諭はそこで生徒を止めた。菅又教諭が訓練の範囲と考えていたのは、そこまでだったからだ。

「そのときの視界は、上は天狗の鼻、下はしばらく離れた三班、四班が見える状態。視界は良かった。風はほとんどなかった。樹林帯を抜けたところで、二班が私の右前のところに上がってくるのが見えた。そのとき、このコースで良かったのだと思った。樹林帯を抜けたところで渡辺先生に無線連絡をしようと思った。しかし、渡辺先生が二人の生徒の名前を大声で叫んでいたため、連絡をしなかった」

一本木から、支尾根を登ってきた二班真岡高校が尾根の上に現われたのだ。

「体力差があり、先頭と後が離れたため、後の生徒より二人位前にいて、先頭の生徒に傾斜が変わる手前で待機するよう指示した。（尾根の上で）遅れた二人を待っているとき下を見ていた。このとき、スキー場を歩いていたときより風が強いことから下りようと考え、風が当たらない所に行こうと考え、後続の二人が追いついてから、手前側に下りてきた」（渡辺前委員長）

菅又教諭は、大田原高校の生徒に何回か「ここまで」と言ったという。

「私も樹林帯の先くらいまでと考えていた。しかし、生徒の要望もあった。大田原高校の生徒は、普段接している生徒ではなく、止められずに進んでしまった」

樹林限界付近までの斜度は、非常にゆるやかだ。そこを過ぎると斜度が変化し、三十度を越える。天狗の鼻直下では、三十八度の急斜面になる。

一班大田原高校は、菅又教諭が想定していた訓練範囲を越え、樹木がほとんどなくなった斜面を登っていった。後続の三班、四班も樹林限界付近へと近づきつつあった。斜面の傾斜がさらに変わろうとするあたりで、再び菅又教諭は生徒を止めた。

「ここまでと強く止めた。急な斜面になるので滑落の危険があるので戻ろうと言った」

このとき先頭集団と菅又教諭の距離は、二〇メートルほどだった。北寄りの風が強まっていたこともあって、菅又教諭の声は先頭集団の二年生たちにははっきりと届かない。中間にいた一年生たちが、伝言ゲームのようにして言葉を伝えた。

「菅又先生より、〝引き返すか?〟の問い。一班の前を歩く二年生の大半が〝行きたい〟、〝行く〟という気持ちを見せる」（当時二年生）

「天狗の鼻と林の中間で、菅又先生から伝言。〝止まれ。休憩しよう〟。みんな薄着だったの

2017年４月２日、樹林限界付近から見た雪崩が発生した斜面。写真提供＝防災科学技術研究所

で、あまり長く休むと寒くなると思った。林に戻るか、天狗の鼻まで行って休むか、二年生三人で相談し、岩まで行くと決め、菅又先生から許可をもらった」(当時二年生)

「私が止めた後、生徒に岩まで行きたいと言われた。そのとき、大田原高校の生徒が、真岡高校の生徒に対し競争意識を持っていたのかもしれない。真岡高校の生徒が見えたときに、もう少し上に行きたいと思ったのかもしれない。私が最後に〝もうここまでで戻ろう〟と強く言ったときに、毛塚先生が〝講師の先生がここまで言っているのだから帰ろう〟と言ってくれればという気持ちもある」

「最後に、〝もうここで終わり〟と言ったときに生徒から、〝お願いします(もう少し上に行かせてほしい)〟という声があり、考えた結果、〝じゃあいいよ〟と言ったときに生徒からは〝やったー〟というような感じがあった」

こうして菅又教諭は、二年生たちの意見を認め、天狗の鼻まで登ることを許可した。このとき、各班の位置関係は上から一班、少し下って二班、一班から一〇〇メートルほど離れて三班、四班がいた。三班、四班の講師の判断は、どうだったのか。四班は樹林が切れる付近で休憩していた。

「上を見ると樹木の数が少なかったので、これ以上、上に進むのは止めようと思いました」

（四班講師）

「天狗の鼻の付近は勾配もあり危険があると感じていました」（三班講師）

二人の講師は危険と判断していた。

三班は樹林がなくなる手前で休憩し、歩き出していた。四班を追い抜いていった。

「林の中を登るにつれ雪がおさまった。雪崩発生直前は、雪が止み、風もなかった。休憩した付近から上の木がない部分は正面が良く見えた。天狗の鼻と思われる岩も確認できた」（三班講師）

各班は、お互いに姿を確認できていた。

「風が当たらない所に行こうと考え、後続の二人が追いついてから、手前側に下りてきた」という渡辺前委員長が率いる二班。

渡辺前委員長は、このとき一班の姿を見ている。

「隊列が見えていたので一班は上に行っているのだなと思った。早く生徒たちを風の当たらない所に連れて行くことを優先して考えていた。上に行くという考えはなかったので、樹林の斜面で何度か登り下りをするつもりだった。一班は菅又教諭もいるので大丈夫だろうと考えていた。登山の技術については、菅又教諭は十分にあるので菅又教諭が判断しているのなら大丈夫と考えた」
「渡辺先生とそんなに離れていないところを上がっていたので、渡辺先生もこちらを気がついているだろうと思った。もし危険であれば、前にも行ったことがある渡辺先生が止めてくれるだろうという認識があった。最終的には、自分の中で大丈夫だろうという判断をしてしまった」（菅又教諭）
このとき二人が無線交信をして考えを伝え合っていれば、行動は違ったものになっただろう。

雪崩発生

菅又教諭に許可をもらった一班大田原高校の生徒たちは歩き出した。その直後、雪崩が発生する。八時四十三分のことだ。生存生徒五名の雪崩発生時および埋没の状況についての証言は、第八章「生存生徒の証言」で詳述する。

ここでは一班大田原高校生徒の聴取記録を引用し、雪崩発生時と埋没の状況を説明したい。

「前の人が二歩くらい歩いたら、右の斜面が崩れ、下の方から亀裂が入った。ピッケルを刺したが、後ろ向きに倒された。二〇〇〜三〇〇メートル流されて木に引っかかり止まった」（当

時大田原高校二年生）

「前の人が、〝やべっ〟とのみ声を出す。その直後、右上から雪崩。一瞬、流されながら自分の体が四回転、五回転するのを感じる。雪の下、一メートルに埋もれる。真っ暗。手で雪を押しても動かない。手足は全く動かせない。叫び声が聞こえてくる。自分も叫んだが、酸素を使ってしまったからか、苦しくなって意識が遠のいた」（当時大田原高校二年生）

「気がついたら、五、六回転していた。（雪に埋まり）両手が動かなかった。顔の前にスペースがあった。〝死ぬな〟と思い、〝助けて〟と叫んだら意識がなくなった」（当時大田原高校二年生）

先頭集団の二年生たちが雪崩に気がついたのは、巻き込まれる直前で一致する。つまり、隊列から離れた場所ではなく、近くで雪崩が発生したことを示唆している。一人の生徒は、「下の方から亀裂が入った」と証言している。

「歩き出したら間もなく、進行方向一時の方角から雪崩が来たのを見た。反射的にピッケルを地面に突き立て耐風姿勢を取った。最初に流されてみんなが立っている姿が見えていた。（体が）縦に回っていた。止まりたいと思い横向きになって回転し、ピッケルを振った。樹林帯で止まり、埋まった。意識はあった」（当時大田原高校一年生）

「二時の方向、自分から七～八メートル前方に亀裂が入るのを見ました。その後、自分の足下がずれる感じがして、その後は何回転も後方に転がり、木にもぶつかりながら雪に埋まりました。呼吸ができなかったが、左手が動いたので掘り進めたら指先が出ました。口のまわりは舐めたりしながら（雪を）溶かして呼吸をしました」（当時大田原高校一年生）

一年生の一人は「進行方向二時の方角」、もう一人は「二時の方向」から雪崩が来たと証言している。一班隊列の右上方で雪崩が発生したことがわかる。加えて、「七～八メートル前方に亀裂が入るのを見ました」と証言している。二年生たちの証言と合わせて考えれば、一班隊列の右上方付近で雪崩が発生していると推測できる。

しかし、二年生の一人が、「（一班隊列の）下の方から亀裂が入った」と証言している。一年生の「七～八メートル前方に亀裂が入るのを見ました」という証言。亀裂を前方で見た、下方で見たとする二人の証言。これをどう解釈すれば良いのか。

検証委員会は、大田原高校の生存生徒への聞き取り調査結果から、一班が登った位置、雪崩の亀裂が発生した位置を推定した。その結果、次のように結論した。

「自然発生と人為発生という両方の可能性を否定できない」

果たしてこの結論は正しいのか。「下の方から亀裂が入った」という証言を考えるなら、一

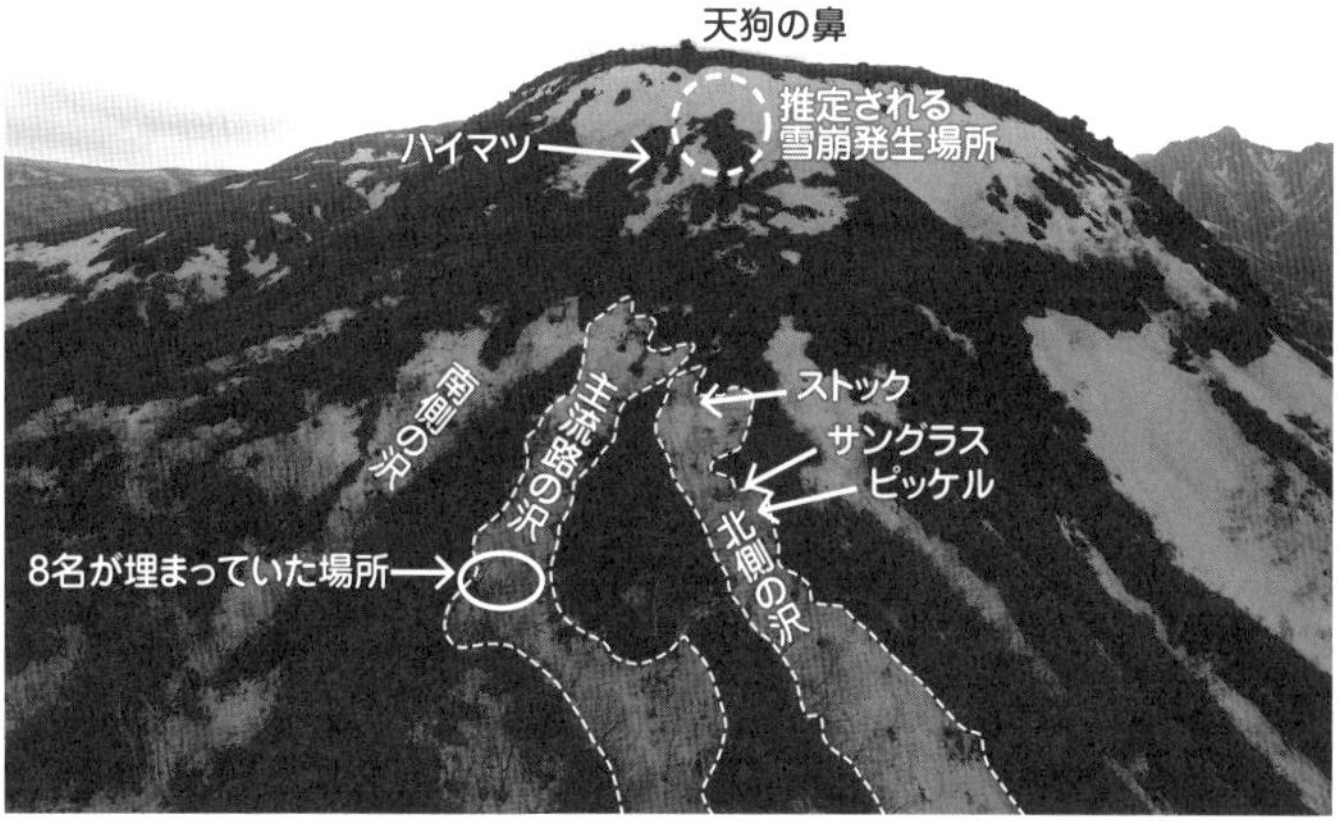

雪崩発生場所（推定）と主流路の沢、北側の沢のデブリの範囲。2017年４月24日撮影

７月29日の聞き取り調査に基づく１班と雪崩の位置関係（検証委員会報告書から）

班が斜面に立ち入ったから雪崩が発生したと考えられ、人為発生の雪崩という結論になるのではないか。

私は、生存生徒五名に雪崩発生の状況を詳細に聞く必要があると思った。

検証委員会報告書、資料などは栃木県教育委員会のホームページで公開され、ダウンロードすることができる。「那須雪崩事故遺族被害者の会」が開設しているホームページで検証委員会報告書のみならず、栃木県への開示請求によって得られた資料や写真を見ることができる。ダウンロードすることもできる。拙著以上に詳細を知りたい読者は、この二つのサイトを参照していただきたい。

平成二十九年三月二十七日那須雪崩事故検証委員会

http://www.pref.tochigi.lg.jp/m01/kensyouiinkai.html

那須雪崩事故遺族被害者の会

http://nasu0327.com/page-47/

第七章

救えなかった命

二班真岡高校

二班真岡高校、三班矢板東高校、那須清峰高校、四班矢板中央高校、宇都宮高校は、雪崩にどのように遭遇したのか。雪崩遭遇直後の状況を教育委員会が各校へ依頼し、教員が聞き取り調査を行なった聴取記録および書面調査記録、検証委員会の聴取記録をもとにして検証をしてみたい。

一班大田原高校は主流路の沢へ流され、二班真岡高校は北側の沢に流されている。私は渡辺前委員長のものと思われるストックを北側の沢上部で発見している。ただ、真岡高校生徒八名への真岡高校教員による聞き取り調査記録は、非常に簡潔だ。

「雪崩発生、のまれる。部員一人を二人で救出」（当時真岡高校二年）

「トラバース。雪崩。人数確認」（当時真岡高校二年）

「雪崩が発生したような気がする。ツエルトをみんなで立てた。体を動かした。ツエルトの中に入って寒さをしのいだ」（当時真岡高校二年）

「トラバース開始。トラバース開始から少し経ち、雪崩に遭う。雪に埋まる。雪に埋まって十

分ほどたち救出される。ツエルトに入る」（当時真岡高校一年）
「雪崩発生。渡辺先生の声など聞こえた。自分はツエルトを被っていたので周りのことはよくわからない」（当時真岡高校一年）
「トラバース開始。雪崩発生。渡辺先生が人員確認している間に自分と主将が生徒一人を救出。ツエルトで四人で休む」（当時真岡高校一年）
「雪崩発生。ツエルトを張り三人で入る」（当時真岡高校一年）
「雪崩発生。渡辺先生から全員の生存確認。尾根の方に避難しろと指示」（当時真岡高校一年）

二班真岡高校は、一班大田原高校に次ぐ被害を受け、生徒が負傷している。それなのに教員は、生徒に詳細な質問をしていない。なぜなのか、私は不思議に思う。渡辺前委員長の書面調査記録の記述もまた簡潔だ。

「雪崩発生。雪崩に巻き込まれる。自力脱出」

菅又教諭の書面調査への回答に比べ、詳細が書かれていない。五月十五日に検証委員会が行なった現地調査の聴取記録では、少し詳細に語られている。

「真岡高校のリーダーが先頭で、私が最後尾で進んだ。その際、一瞬であったが上部で一班が行動しているのを確認。下り始めて数メートルほど歩いたところ、右側面から雪が当たって右を見たときに雪崩に巻き込まれた。数メートルから一〇メートルほど流されたと感じた。幸い座り込むような形で止まった。上半身が出ていたので自力で脱出。振り返ると三、四班は少し高いところにいて人員確認をしていた」

渡辺前委員長は、「数メートルから一〇メートルほど流されたと感じた」と答えているが、「振り返ると三、四班は少し高いところにいて人員確認をしていた」とも答えている。

二班は雪崩発生時、三班、四班より上部にいた。三班、四班が高いところに見えたのなら、かなりの距離、おそらく五〇メートル以上雪崩に流されていると思われる。「数メートルから一〇メートル」というのは、雪崩被害を過小に表現している。

三班（矢板東高校、那須清峰高校）の行動報告

二班より下方にいた三班は生徒全員（九名）が二年生だった。矢板東高校、講師、那須清峰高校、引率教員B、Aの順番で歩いていた。樹林帯が終わる付近で休憩し、歩き出した直後に雪崩に巻き込まれている。

「音は何もなく、気がついたときには雪の壁が目の前に来ているような感じであった。流される瞬間に後ろを振り向き、エアーポケットを作った。印象として、一五〜二〇メートルくらい流されたように思う。俯せの状態でほぼ全身が雪の中にあった。雪から脱出し、近くで埋まっている生徒を皆で引きだし、三班の人員とケガの状況等を確認。すぐに無線で〝三班全員無事〟との旨、連絡した。四班も近くで流されていた。〝四班全員無事〟との無線連絡を講師の先生から受ける」(三班講師・矢板東高校)

この三班講師は、下方へ流されていた渡辺前委員長が真岡高校生徒から流されて離れ、人員確認ができないため、「真岡高校の人員を確認してもらいたい」と言われ、二班真岡高校生徒の確認を行なった。負傷した生徒のケガの状況を確認し、防寒着を渡している。

引率教員Aは、三班十二名の最後尾にいた。

「ラッセルを再開して三〜四分後、全員が雪崩に巻き込まれた。先頭の生徒は、私の後ろまで流された。すぐ前に埋まっている生徒を掘り起こした。講師、引率教員で生徒の名前を呼んで、三班が全員いることを確認した」

安否の確認は、雪崩発生から五分くらいでできたという。三班は、北側の沢と主流路の沢に挟まれた少し高くなっている尾根上へ避難した。
「三班の右の尾根筋にいた二班真岡高校の一番高いところにいた生徒が〝一人埋まっている〟と助けを呼んでいた。その場へ行き掘り出したが、歩くことができず腹部の痛みを訴えていた。姿は見えなかったが、渡辺前委員長が〝真岡高校はいるか〟と叫んでいた。この生徒を背負い二〇メートルほど下った。このとき、大田原高校の生存生徒と渡辺前委員長が雪を掘っているのが見え、一班大田原高校が埋まっていることがわかった」（三班引率教員A・那須清峰高校）

大田原高校の生徒が、渡辺前委員長と救助のために雪を掘ったことを確認できなかった。

一方、引率教員Bの証言もある。

「立ち止まっているときに雪崩に巻き込まれた。雪の中に埋まることはなかったが、七〜八メートル流された。すぐ近くの生徒を助け出した。埋まっている生徒を、ほかの生徒が助けているのがわかったので、教員Aと救助に向かった。ケガをした生徒を教員Aが背負って下ろしたとき、大田原高校の生徒が見えた。渡辺前委員長が〝手が空いている先生は来てくれ〟と言った。木の付近にいた菅又教諭を救助し、その後、上から声をかけながら、ピッケルを雪に刺

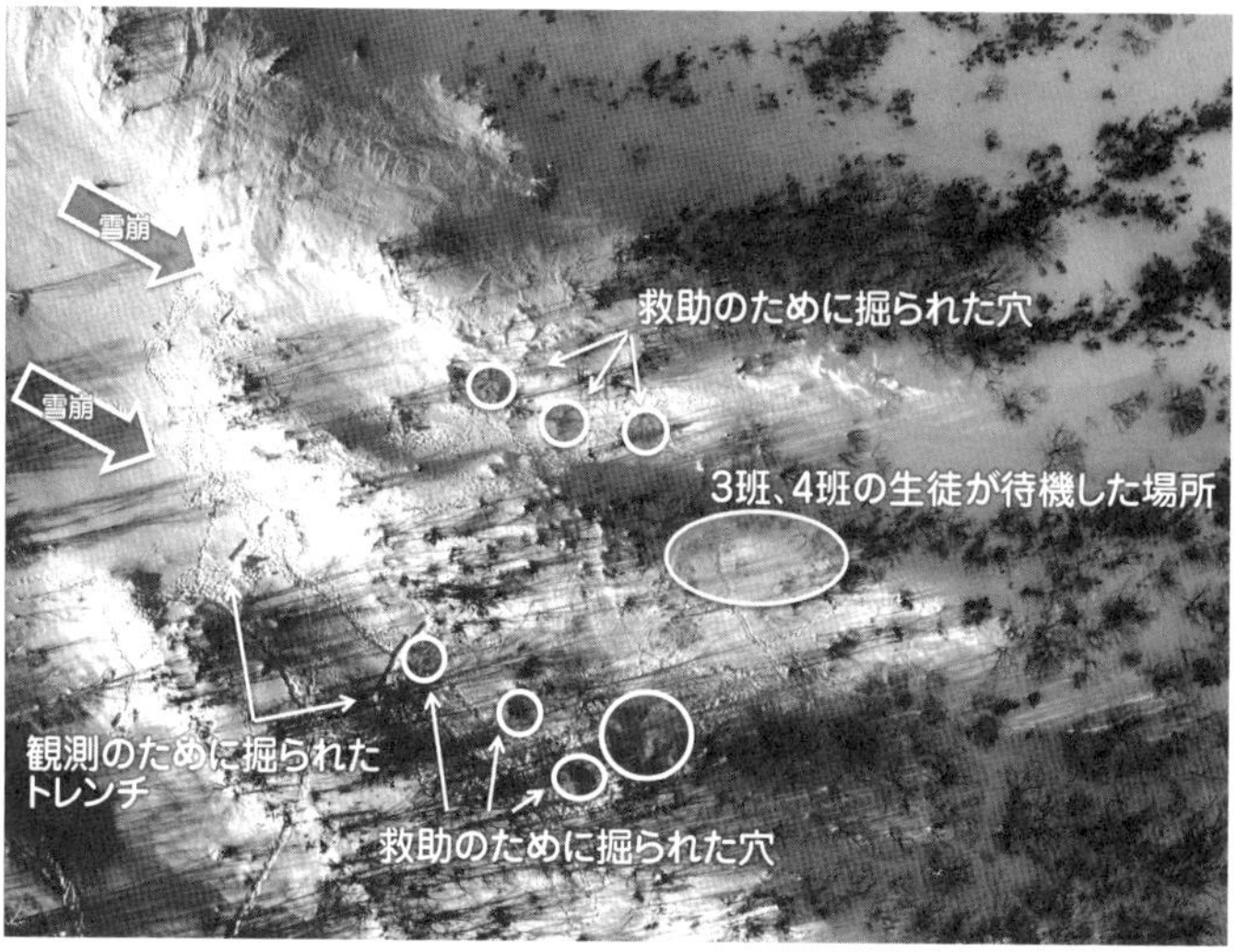

救助のために掘られた穴の位置。写真提供＝防災科学技術研究所

しながら探し、当たりがあるところを掘った」(引率教員B・那須清峰高校)
教員AとBが歩いた跡が確認でき、北側の沢最上部に掘られた穴が、二人が救助した生徒が埋没していた場所と思われる。

四班(矢板中央高校、宇都宮高校)の行動

「上の方から声が聞こえた。上を見ても真っ白だったので突風だと思い、〃耐風!〃と矢板中央高校の生徒たちに叫んだ。その直後、雪が流れていくのが見えたので、雪崩だと判断した。矢板中央高校の三人が自分で雪から出てきた。下半身が埋まるか埋まらないかぐらいだと思う。無線機で〃雪崩です。雪崩が発生しました〃と叫ぶ。生徒のケガの有無を確認し、特になかったので宇都宮高校の一年生がいる場所に移動させ、待機させた。同時に雪崩の下流左(西)側の方から渡辺前委員長の声が聞こえ(安否確認の要請の依頼)、真岡高校の生徒の数を確認する」(四班講師・矢板中央高校)
四班講師は、渡辺前委員長から、「生徒を安全なところに移動させて下さい」と指示があり、三、四班の生徒を尾根筋の安全なところまで移動させている。こうして、二班、三班、四班の

生徒全員の確認が終わった。

「渡辺先生から〝手を貸して下さい〟と言われ、ひとつ向こう側の沢を覗いたところ、雪面から三カ所、手が出ているのが見えた。すぐに一番近くの手のところに行くと、菅又教諭が雪に埋まっていた」（四班講師・矢板中央高校）

一班の救助が始まった。四班講師が最初に救助したのは、菅又教諭だった。

「足が雪にはまっていたので、足元の雪をどかす。自力ではい上がることができたので、次に少し登ったところにある樹木に巻きつくように埋もれていた生徒を掘り出そうとする。腰の痛みを訴えていた。掘り出していると三班の引率教諭Bが応援に加わる。〝がんばれ〟と声をかけながら、二人で雪から生徒を掘り出した。ある程度、目処が立ったので、次に下におりて片足が埋まっていた生徒を救助。その生徒から、〝この下から声が聞こえた〟と聞かされ、掘り始める」

「上の方から〝雪崩だ〟という声が聞こえた。左手の沢を見ると下半身が埋まった真岡高校の生徒が確認でき、背中のスコップを外して救助に向かう。救助した生徒と私は反対側の尾根筋に上がる。私の位置よりも高いところで人数の確認を行なっていたので、合流するために尾根筋を登る。誰の声かわからないが、大田原高校が流されたという声が聞こえてきた」（四班引率教員・矢板中央高校）

最初に誰が一班を救助したのか

最初に誰が一班を救助したのか。聴取記録などから検討したい。

「大田原高校の生存生徒と渡辺前委員長が雪を掘っているのが見え、一班大田原高校が埋まっていることがわかった」（三班引率教員A）

「ケガをした生徒を引率教諭Aが背負って下ろしたとき、大田原高校の生徒が見えた。渡辺前委員長が〝手が空いている先生は来てくれ〟と言った」（三班引率教員B）

三人の教員の証言から、三人の教員より早く渡辺前委員長が一班の救助活動を開始している。

「誰の声かわからないが、大田原高校が流されたという声が聞こえてきた」（四班引率教員）

二〇一七年五月十五日に行なわれた現地調査の聴取で、三班講師は次のように答えている。

「一班が見つかっていないと連絡があり、登って左側の沢にいると連絡があったため、沢に下りて捜索した」

二名の教員が、ほかの教員の声によって一班が雪崩に巻き込まれたことを認識している。三班、四班の教員の書面調査、聴取記録からは、渡辺前委員長が一班の埋没者を最初に発見したとは断定できなかった。

菅又教諭の証言

菅又教諭は、埋没してからの状況を次のように報告している。

「私は途中、木に激突した。私が埋まったとき、斜面の下が頭になり、体全体は約五〇センチ埋まったものの顔付近は一五センチほどだったため右手を外に出せ、顔の周りの雪を払うことができた。背中のザックから無線で声が聞こえたが、動くことができず応答はできなかった。また、体を少しづつ動かしたが、自力脱出できなかった。約十分後、矢板中央高校の四班講師が掘り起こしてくれたので、私もすぐに数メートル先で顔が出ていた生徒の掘り出しを手伝ったが、木に激突した影響で左胸が痛くて動けなくなってしまった」

アウタージャケットの左胸のポケットに入れておいた携帯電話が壊れていた。左胸を強打した菅又教諭は肋骨五本骨折、左下の肺挫滅、左上部気胸、腹部血腫の重傷だった。

菅又教諭の証言では、救助したのは四班講師だ。四班講師の証言とも一致している。しかし、四班講師は〃渡辺先生から手を貸して下さい〃と言われ、菅又教諭の救助をしたと証言している。

渡辺前委員長の証言

事故現場にいた教員の証言から、最初に一班を発見・救助したのは渡辺前委員長の可能性が高い。しかし、教育委員会が行なった書面調査で、渡辺前委員長は次のように書いている。

「雪崩から自力脱出した後、見える範囲に自分の班の生徒が一名いた。振り返ると少し離れたところに三班と四班がおり、混乱した様子であることが見え、やはり雪崩に遭遇したと認識した」

この証言から、渡辺前委員長は北側の沢で三班、四班より下流に流されていることがわかる。その後の状況と渡辺前委員長が取った行動について次のように記述している。

「最初に主任講師（菅又教諭）を無線で呼び出すが応答がなかった。次に本部を無線で呼び出すが、応答はなかった。上にいる三班、四班が人員点呼を行なっており、四班講師に呼びかけて、自分が率いていた二班の真岡高校の残りの生徒（七名）が付近にいるか確認を依頼する」

渡辺前委員長とともに下流へ流された真岡高校生徒一名を除く二班、三班、四班が全員無事であることを確認できたのは、雪崩発生から約十分後だ。

「自力歩行できない者がいるとの報告が、離れた場所にいる真岡高校の生徒からもたらされる。主任講師（菅又教諭）、本部（猪瀬教諭）を無線で呼び出すが応答はない。この時点では、雪崩に巻き込まれたのは二班、三班、四班で、主任講師がいた一班は巻き込まれておらず行動を続けているものと考えた」

大きな疑問を抱く。なぜ、一班が雪崩に巻き込まれていないと考えたのか。渡辺前委員長は、「右側面から雪が当たって右を見たときに雪崩に巻き込まれた」と証言している。「右側面」とは「斜面上方」になる。雪崩発生直前に渡辺前委員長は、二班の上方に一班がいるのを目撃している。雪崩が上方から来たならば、一班に雪崩の影響が及ぶと考えるのが自然ではないか。

しかも、一班菅又教諭と無線連絡が取れていない。菅又教諭は生徒の足が痙りそうになって休憩したとき、各班講師に無線連絡を入れている。当然、渡辺前委員長も聞いている。雪崩発生は、無線交信から約二十分後だ。渡辺前委員長は菅又教諭の無線機にトラブルが起きたと考えたのだろうか。雪崩が発生したとき、一班と二班の距離は一〇〇メートル以内だ。

「一班が雪崩に巻き込まれていない。行動を続けている」と考えた渡辺前委員長は、次の行動に移る。

「本部と連絡が取れず、自力歩行できない生徒がいるので、周りの者が介助して自力下山する必要があると判断する」

「この頃、自分たちが流された沢筋とは尾根を挟んだ別の沢筋から〝おーい〟との声が聞こえる。先ほどの人員点呼で情報が二転三転したので、全員無事が確認されたと考えた二班、三班、四班の誰かがそこにいると判断した」

繰り返し〝おーい〟と叫んでいたのは、顔が雪面に出ていた大田原高校の二年生だ。

しかし、この状況で渡辺前委員長が取った行動は、〝おーい〟と声を上げている者の確認でもなく、自力歩行できない生徒三名の負傷の状況把握でもなく、携帯電話による消防警察への救助要請でもなかった。

「居合わせた教員のなかでは自分が一番経験があると考えたので、自力下山するルート確認は自分が行くべきだと判断し、尾根筋を下りていく」

渡辺前委員長は自力歩行できない生徒を、自分たちだけでどのように下山させるつもりだったのか。搬送のための装備を持ち、教員たちは負傷者の搬送訓練をしていたのだろうか。

「ある程度下りて下山の見込みが付いたところで引き返し、最初の地点に戻ると先ほど声がしたほうで一班の菅又教諭が救出され、さらにほかの者の救出にあたっているのが見える。この時点で一班も雪崩に巻き込まれ、自力脱出できないので二班、三班、四班より重篤な状況であることを認識した」

このように渡辺前委員長は自力下山のためのルート偵察から戻ったとき、一班の救助を目撃したと証言している。三班引率教員A、B、四班講師の証言と食い違う。ただ、八名が死亡した事故の混乱で、教員たちの記憶が混乱している可能性はあるだろう。

私は那須雪崩事故の真相を究明するためには、特に捜索救助の真相究明のためには、教員たちと二班生徒への聞き取り調査が不可欠だと思う。そうしないと、誰が最初に一班の菅又教諭と生徒を救助したのかさえ謎のままになる。そして、捜索救助が適切に行なわれたのか検証できないと思う。

緊急時の連絡方法

二班真岡高校生徒八名のうち、負傷して自力歩行できない生徒が三名いた。渡辺前委員長は、「周りの者が介助して自力下山する」という判断をした。どうやって、自力歩行できない生徒三名を約一キロ離れたスキー場センターハウスまで搬送しようと考えていたのか。記録から、知ることはできない。

緊急事態が起きたときの連絡方法は、どのように考えられていたのか。教育委員会が行なった書面調査への猪瀬委員長、菅又教諭、渡辺前委員長の回答である。

- 顧問教員からの連絡の場合

猪瀬委員長：主任講師や講習会本部へ無線で連絡
渡辺前委員長：主任講師および講習会本部へ無線で連絡
菅又教諭（主任講師）：講習会本部へ無線（携帯電話）で連絡

・消防警察への連絡の場合
猪瀬委員長：特にマニュアルはないが、講習会本部から電話で連絡
渡辺前委員長：講習会本部が電話で連絡
菅又教諭（主任講師）：講習会本部から電話連絡

緊急事態が発生すれば、各班の講師から講習会本部へ無線連絡し、本部から消防警察へ救助要請をする。それが三人の共通認識だった。

無線が通じない

雪崩発生を最初に無線で告げたのは、四班講師だ。

「雪崩です。雪崩が発生しました」

その後も状況報告が無線でやりとりされている。緊急時は本部、主任講師へ無線連絡することになっているので、渡辺前委員長は猪瀬教諭、菅又教諭に呼びかける。が、応答はなかった。

猪瀬教諭は、無線機を手元に置いていなかったのだ。三月二十八日に栃木県庁で行なわれた記

者会見で、無線に応答できなかった理由を説明している。

「私は旅館の本部の部屋から荷物を下ろしたりしているときに、無線を車の中に置いて無線を体から離してしまったという時間帯があります」

女生徒だけで編制されていた五班は一本木から第二ゲレンデへ登り、休憩していた。ちょうどそのとき、雪崩発生の交信を聞いた。

「音も静かで雪煙なども見えず、どこで雪崩が起きたのか、まったくわからなかった」

五班講師と女生徒たちに緊迫した空気が流れた。五班講師は女生徒たちをキャンプ地へ帰すため途中まで付き添って下山したが、事故現場へ応援に行こうと考え、ゲレンデを登り返していた。渡辺前委員長が、本部の猪瀬教諭を幾度も無線で呼ぶが応答がない。五班講師も猪瀬教諭を呼んだが、やはり応答がなかった。不安を覚え、スキー場センターハウスへ下った。

下山ルートの確認から事故現場に戻った渡辺前委員長が、救助された菅又教諭に聞いた。

「救助要請をするか」

「お願いします」

なぜ、菅又教諭の意思を確認したのだろう。消防、警察に救助要請するのが当然の事態だ。

通報は雪崩発生から三十九分後

「渡辺先生、私はセンターハウスへ到着しました。指示をお願いします」

「そこから本部へ無線を入れて下さい」

何度か猪瀬委員長を呼ぶが、やはり応答がない。

「渡辺先生、ここからでもダメでした」

「では、そこから徒歩で本部に向かい、猪瀬先生に雪崩に生徒が巻き込まれたので、消防警察へ緊急出動を要請して下さい」

五班講師は自分のスマートフォンを取り出し、電話をかけようとしたが寒さのために起動しなかった。センターハウスから本部になっている旅館までの距離は六〇〇メートル。スキー場に隣接して休暇村那須がある。そこへ行けば本部へ電話をかけられるし、消防警察へ通報もできる。距離わずか一〇〇メートル。五班講師は休暇村那須へ向かわず、渡辺前委員長の指示に従って本部へ向かった。途中、路線バスに追い抜かれ、約十分後に本部前にある駐車場で車に荷物を積み込んでいる猪瀬委員長を見つけた。

「猪瀬先生、緊急事態です。生徒たちが雪崩に巻き込まれたと渡辺先生から連絡がありました。消防と警察に緊急出動を要請して下さい」

猪瀬委員長は車に置いていた無線機を手に取り、渡辺前委員長を呼んだ。

「渡辺先生、状況を知らせて下さい」

状況を聞いた猪瀬委員長は、消防へ救助要請を行なった。九時二十二分のことだ。雪崩発生は八時四十三分。消防への通報は、雪崩発生三十九分後になっていた。

使えた携帯電話

二〇一七年四月、事故現場へ登った私は携帯電話の電波状況を調べた。生徒たちがラッセル訓練に出発したスキー場センターハウスから、救助活動が行なわれた尾根の上、雪崩が発生したと推測される「天狗の鼻」直下の斜面、すべての範囲で電波状態は良好だった。携帯電話は使えるはずだ。なぜ、消防警察への通報が携帯電話で行なわれなかったのか。

教員が携帯電話で撮影した一枚の写真がある。撮影されたのは三月二十七日八時二十四分。雪崩発生十九分前だ。

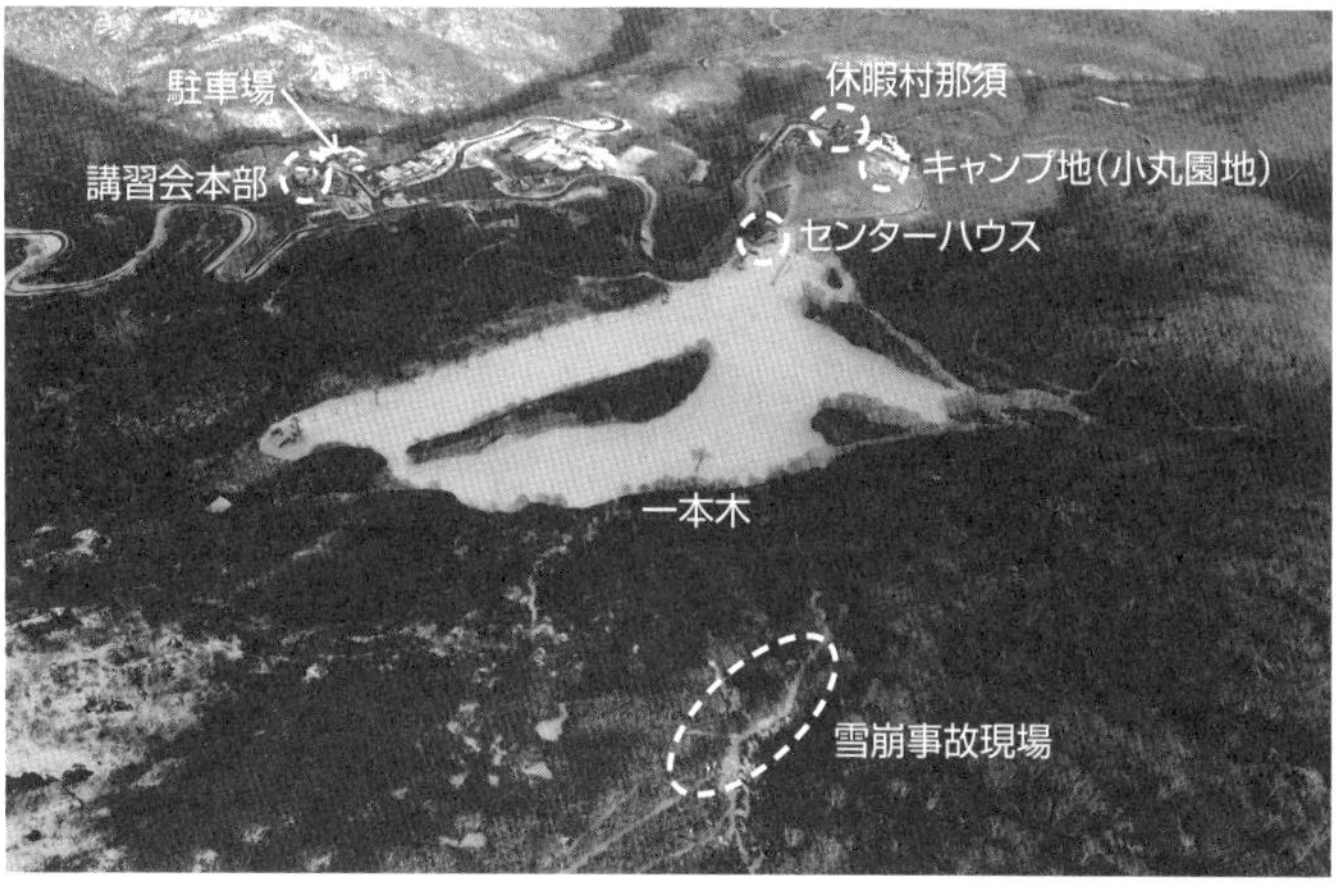

上空から望んだ雪崩の事故現場とセンターハウス、キャンプ地、講習会本部

センターハウスから本部へ約600メートル、歩いて約10分。消防への通報は、雪崩発生から39分後に行なわれた

雪崩が発生したとき、使用できる携帯電話があったのではないか。

三班教員Aの証言だ。

「十時八分、教頭からの電話着信があったことに気づき、折り返し電話をし、生徒全員の無事を報告した後に捜索に戻った」

雪崩発生から八十五分後のことだ。この教員は十一時八分、十一時二十七分にも学校へ電話連絡をしている。携帯電話は使用できる状態だったのだ。では、なぜこの教員は携帯電話で消防警察へ通報しなかったのか。

「現場にいた教員が本部に無線連絡をしたと言っていた。本部に連絡済みであれば、自分たちが優先すべきことは救助だと判断した。通報まで時間がかかったことを知ったのは下山してからで、事情は知りませんでした」

事故現場における情報共有ができていれば、このような事態は起きなかっただろう。

ほかにも使用できる携帯電話を持っていた教員がいる。複数の生徒も使用可能な携帯電話を持っていた。宇都宮高校の引率教員は二年生が訓練に参加しなかったため、テントにいた。十時半頃、雪崩事故のニュースを知った教頭が、生徒の安否を尋ねる電話をかけてきた。「全員テント内で待機している」と答えたのだが、二年生のテントへ行って初めて一年生が訓練に参

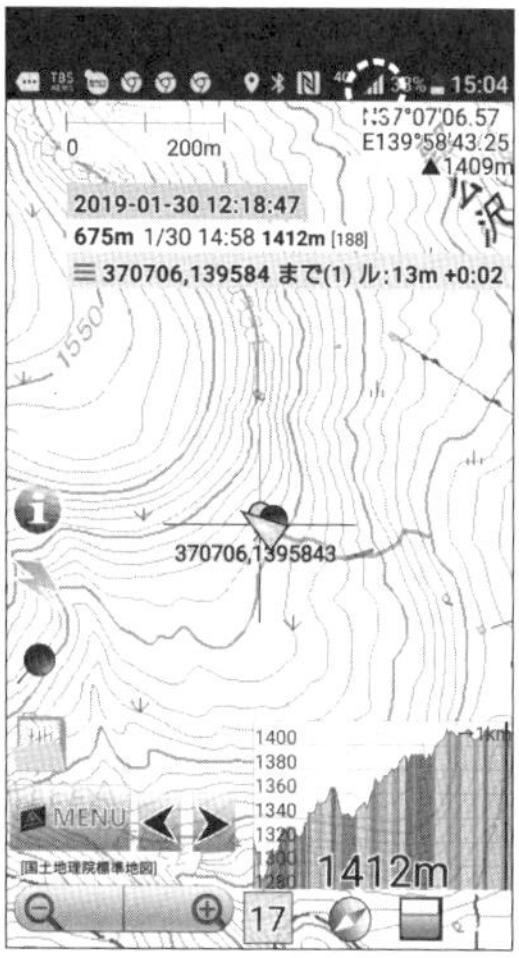

事故現場における携帯電話の電波状況。
アンテナは３本立っていた

雪崩発生19分前に携帯電話で撮影された写真

加していたことを知る。二年生が事故現場にいる一年生とＬＩＮＥで交信し、無事であることを確認している。宇都宮高校一年生の携帯電話は、使用できたのだ。

教員から猪瀬本部長への連絡は無線で行なう。消防警察への連絡は、猪瀬委員長が行なう。携帯電話を使うという発想がなく、消防警察への通報を現場の教員が行なうという発想もなかった。ある意味、決められたマニュアルを忠実に遂行しようとしたと言える。ところが、猪瀬委員長が無線機から離れるという想定外の事態が起きてしまった。

事故や災害のとき、想定外の事態が起きる。マニュアルばかりに頼れば、想定外の事態への対応は失敗する。

現場で捜索救助の指揮を執っていたのは渡辺前委員長だ。雪崩事故現場から携帯電話で通報をする考えはなかったのか。検証委員会の聴取に次のように答えている。

「現場で私が中心的になって指示を出している感じなんですが、何度か救急、心肺蘇生法とかの研修を消防署で救急隊員から受けている。初期対応で、誰か一人がいろんな人に対応を割り振るという研修を受けている。それが私にはできなかった。ほかの先生に無線がつながらないから携帯で通報してとか、こっちを探してくれといった指示ができたと思う。それができず、捜索を優先で対応していた」

渡辺前委員長は携帯電話をザックに入れ、持っていたという。

生徒たちの救助と行動

二班真岡高校、三班矢板東高校、那須清峰高校、四班矢板中央高校、宇都宮高校の生徒全員が雪崩に巻き込まれている。生徒たちは、人員確認が終わると主流路の沢と北側の沢の間にある小さな尾根の上に集まり待機していた。

「埋没した一年生を二人で救出。ケガをした部員をはじめ、四名をツエルトに入れて暖を取った」（当時真岡高校主将）

「全身埋まったが、雪崩が止まったときに自力で出ることができた。大声で周りに声をかけ、〝大丈夫か？〟と声をかけた。班の全員の名前を呼び、無事を確認した。雪崩が起こった沢から外れ、尾根に移動。雪壁を作って防風。ツエルトを用いて防風防寒。付近の生徒たちが、そこに集まって風をしのいでいた」（当時矢板東高校主将）

「真岡高校の一年生が自分たちのところまで流されてきた。腹部をケガしていたようなので、ツエルトで保護した。スコップで雪壁を作り防風、ツエルトでカバー」（当時矢板東高校二年生）

「待機中は、人数確認する人と上を見張る人、ケガ人を見る人がいた」（当時矢板東高校二年生）

生徒たちは互いに助け合い、二年生がリーダーシップを発揮、山岳部の活動で学んだことを役立てていた。

救えなかった命

六人の教員と救出された大田原高校一年生が、捜索救助活動を行なっているとき、真岡高校の生徒が渡辺前委員長にこう申し出たという。

「救助手伝いますか？」

「やらなくていい」

生徒たちの自助共助の行動をみると、山岳部の活動で身につけた知識を役立て、自主的に行動している。

もし、生徒たち、特に二年生が捜索救助に参加し、掘り出し作業に加わっていれば、結果は変わっていたのではないか。埋没者の掘り出しは、人数が多ければ多いほど迅速に行なえるのだ。

救助隊が到着したのは十一時四十五分頃で、雪崩発生から三時間後だ。救助隊が来るまでに生存救出されていたのは六名。体の一部分を掘り出せていたのが四名。埋没位置が不明だったのは二名だった。つまり、雪崩発生から三時間が経過しても、八名の救出ができていなかった。

私が初めて現場を訪れたとき、非常に驚いたことがある。それは、十四人が埋没していた範囲が狭かったことだ。八名が死亡する雪崩のデブリ範囲は、かなり広いと予想していた。しかし、生徒たちの埋没範囲は幅約二〇メートル、長さ約五〇メートルと狭かった。生徒たちが埋没していたのは、木の周辺と沢の屈曲点だった。いずれも雪崩に埋没する可能性が高い場所で、推測することが容易だ。雪崩埋没者の捜索救助方法を学び、訓練を受けていたら、埋没地点を推測し、もっと早く発見救出できただろう。

埋没者を捜索するプローブ（ゾンデ）を携行していなかったので、捜索はピッケルと渡辺前委員長が持っていたと思われるストックで行なわれている。シャベルは、各班が二本を携行しているので、救助に使用できたのは六本。捜索救助のための装備が不十分だったとはいえ、救出に時間がかかり過ぎている。

雪崩による死因のほとんどが窒息だ。雪崩埋没者の生存率は、埋没から十八分後で約九〇パーセント、十八分を経過すると急激に下がっていく。三十五分を過ぎて生存できる確率は約二〇パーセント。三十五分を過ぎて生存できているのは、呼吸空間であるエアーポケットがある場合だ。

大田原高校生徒で埋没後三十分から六十分で救出されたのは三名。二時間以上埋没して救出されたのは二名。うち一名は埋没時間が三時間を越えている。これほど長時間埋没しても生存できた理由は、枝が広がった木の周りに埋没していたので空間があったこと。さらにはデブリの雪が柔らかく、さらさらとして空気をたくさん含んでいたからだろう。

捜索救助活動を行なった那須山岳救助隊の高根沢修二副隊長の証言だ。

「雪の硬さは、そんなに硬くなかった。さらさらの感じ。雪のブロックはなかったですね。掘ることも苦労したということはない」

雪崩れた雪が堆積したデブリは、ブロック状になることが多い。締まった硬い雪だからだ。ブロック状の雪がない、掘ることに苦労しなかったということは、締まった硬い雪でないことを意味する。雪の中に含まれる空気が多かったはずだ。だから、雪が〝さらさらの感じ〟ということになる。

埋没して十八分が過ぎても生存の可能性が高かった雪質。救出がもっと早ければ、助かった命があったかもしれない。

第八章

生存生徒の証言

最初の聞き取り調査

検証委員会の報告書が公表された後の二〇一七年十月二十一日に、上石勲（防災科研雪氷防災研究センター長）、中村一樹（同、主任研究員）と私は、那須雪崩事故で生存した二人の生徒たちへの聞き取り調査を行なった。雪崩に流された大田原高校山岳部員は二年生六名、一年生六名の計十二名。このほか、講師の菅又教諭、引率の毛塚教諭が流され、菅又教諭は生存、毛塚教諭は死亡している。生存した生徒は二年生三名と一年生二名、合わせて五名。大田原高校の許可を得て、一年生二名の聞き取り調査を行なうことになった。

私たちが待つ部屋に入ってきた二人は、とても緊張していた。顔を見て、心的外傷後ストレス障害（ＰＴＳＤ）になっていると私は直感した。しかも重症だ。私自身、仲間八名が滑落する姿を目撃し、クレバスに墜ち、死を覚悟するという体験者だ。体験しているからこそ感じるＰＴＳＤの雰囲気が、二人に漂っていた。事故から七カ月が経ち、聞き取り調査に応じてくれることになったが、慎重に話を聞いていかなければならない。私が知りたいのは、次の四点だった。

・登ったルート
・どこまで登ったのか
・雪崩が発生した状況
・流され、埋没した状況
私はカメラを持っていた。

「なんのためにカメラを持って来たのか」と険しい表情の三輪浦淳和《じゅんな》さんに問われた。

「聞き取り調査の様子を記録するため」

「顔を出したくない。顔は写さないで」

「顔がわからないよう後方から撮影します」

顔を出さない。名前を出さない。それが二人の聞き取り調査の条件だ。事実誤認、不正確な報道、メディアへの不信、嫌悪が強かった。

上石、中村が二人に話を聞いている様子を撮影し、写真を見せた。

「こういうふうに撮影するからね」

二人は納得してくれた。

十四名の隊列

この調査により、十四名の隊列の順番がわかった。

①死亡　浅井譲《ゆずる》（17歳、二年生、選手）
②生存　二年生（17歳、選手）
③死亡　大金実《おおがね》（17歳、二年生、選手、部長）
④生存　二年生（17歳、補欠）
⑤生存　二年生（17歳、補欠）
⑥死亡　鏑木《かぶらぎ》悠輔（17歳、二年生、補欠）
⑦生存　三輪浦淳和《じゅんな》（16歳、一年生）
⑧生存　一年生（16歳、一年生）
⑨死亡　荻原秀知（16歳、一年生）
⑩死亡　奥公輝《まさき》（16歳、一年生）
⑪死亡　佐藤宏祐《こうすけ》（16歳、一年生）

2017年10月21日、上石（左）と中村（右上）によって、那須雪崩事故で生存した生徒２名への聞き取り調査が行なわれた

⑫死亡　高瀬淳生《あつき》（16歳、一年生）
⑬死亡　毛塚優甫《ゆうすけ》（29歳、引率教員）
⑭生存　菅又久雄（48歳、講師）

その後、二〇一七年十月から二〇一九年一月にかけて、私は独自に生存した生徒五名に複数回のインタビューを行なった。その結果を報告したいと思う。三輪浦淳和さんを除く四名は、氏名と顔を公表しないことを条件に、インタビューに応じてくれている。

隊列の順番を、名前代わりに用いたい。

生存したのは、二番目、四番目、五番目、七番目（三輪浦淳和）、八番目の生徒だ。

なぜ、当時一年生だった二人が、十月二十一日に私たちの聞き取り調査に応じてくれたのか。

「八番目の生徒」の手記

事故から半年後、八番目の生徒がメディアに対し、「手記」を公表した。

〈メディアの皆様にはあの日以来、事故の真相究明に向けた報道をしていただきありがとうございます。また沢山の取材の申し込みを受けながら、自分の精神状態を理由にお断りをし続けて申し訳ありません。まだあの日の事を思い出すと、痙攣《けいれん》等の症状が出ることがあり、手記という形での対応をお許しください。

あの日からもうすぐ半年を迎えようとしています。この半年であの日の事を忘れた日はありません。一生忘れることはないでしょう。

しかし半年という区切りを迎え改めて今思う事は、自分は毎日思い出す亡き友の事が、やはり世間的には毎日起こる事件や様々《さまざま》な情報の波にのまれ薄れていってしまっているということです。

その事がとても悲しくやりきれない思いです。遺族や被害者とは違い当事者でなければ仕方がないことは理解しています。しかし八人もの命が奪われた事故をこのまま風化させてはいけないと思います。風化させずに語り継いでいく事が、再発防止の第一歩にもなるのではないでしょうか。

今日も昨日もみんなの事を思い出しています。テレビを見ても音楽を聴いても何をしても、「あいつこれが好きだったな」とかいつも考えてしまいます。みんなが好きだった物の向こうに楽しかった記憶が蘇ります。みんなの笑顔と何も言えなくなったあの日の顔が交互に浮かんでは消えていきます。事故当初は、「なんで生き残ってしまったんだろう」「なんでみんな助けられなかったのだろう」いろんな、「なんで」ばかり考えていました。生きる事を諦めたくなる日もありました。でも親友に誓った、生きていく約束を思い出し毎日を過ごしています。今は普通に生活をする事が自分の精一杯です。

だけどいつかまた会えた時、みんなに笑われないない生き方をしようとも思っています。

この事件が一日でも早く解決し、遺族の方が納得のいく結果が出ることを願っています。

もしこの手記を目にする事があったらみんなのことを思い出してください。こんなに悲しいことがあった事を忘れないでください。どうしたら二度と同じ悲劇がおきないかどうか考えてみてください〉

（原文のまま）

ブログ「山の羅針盤」

事故から一年を前にして、三輪浦淳和さんが「山の羅針盤」と名づけたブログを開設した。「事故で亡くなったみんなの死を決して無駄にはしないために高校生の登山について自分の考え、気持ちを綴っていこうと思います」（原文のまま）。

ブログ開設と同時に、メディアの取材を受け始めた。名前と顔を隠さず、那須雪崩事故のこ

大田原高校山岳部の部室

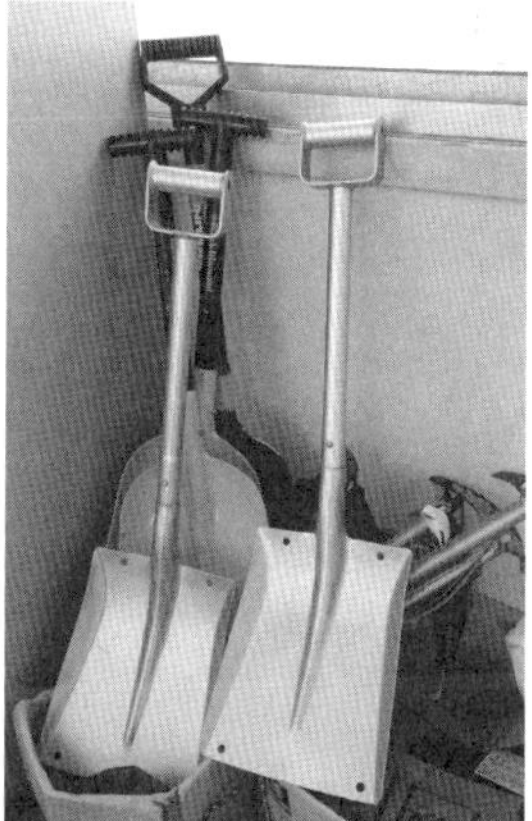

大田原高校山岳部で使用する
シャベル

とを語り、自分の思い、考えを主張しはじめたのだ。

ブログを開設したとき、三輪浦淳和さんは二年生で十七歳。生き残った三年生三名が卒業すれば、部員は二年生二名と事故後に入部した一年生七名の計九名になる。山岳部の活動を再開させたい、後輩たちを守っていきたいと願い、第三十八代の山岳部部長に就任していた。

ブログ開設への思いだ。


「山の羅針盤とは」

昨年の三月二十七日、あの日私たちはあってはならない事故を起こし、仲間と恩師の八人を一度に失いました。当時、私は大田原高校山岳部の一年生として講習会に参加し、隊列の七番目を進んでいました。雪崩に呑まれ、二時間近く全身が雪に埋まっていましたが、引率の先生方や仲間に掘り出して頂き、何とか一命を取り留めることができました。

あの日から今日に至るまで、沢山の方々に多大なご迷惑・ご心配をお掛けしました。誠に申し訳ございません。同時に皆様にご尽力頂きましたこと、心より御礼申し上げます。私は事故の当事者の一人として、この事実をしっかりと受け止め先ずは反省し、そしてこのような悲惨な事故を二度と起こさないために事故の原因を考え、また高校生における登山・山岳部とは何か、安全な部活とは何かなど、今まで自分なりに考えてきました。また、栃木県が設置した事故の検証委員会を可能な限り傍聴させて頂き、高体連や登山専門部が行なった説明会にも積極的に脚を運びました。

その中で、冬山登山の全面禁止だけではなく、高校生における山岳部の存在、そのものについても議論がなされました。今回の事故で山岳部・登山の危険な部分ばかりが、クローズアップされています。しかし、本来登山は危険なだけではなく、山でしか得られない経験や知識、リスクマネジメントを学ぶことができるスポーツです。そして私は山岳部で、かけがえのない仲間との友情や結束を培ってきました。また、何より亡くなった先輩や友だち、そして生き残った部員、先生たちみんな山を、自然を愛していたことを知って貰いたく、このサイトを立ち上げました。山が好き、自然が好きという気持ちだけで登山はやってはいけません。

まず優先すべきは安全です。私は、今回の事故で多くの事を学びました。そして、高校生の登山について色々悩み続けています。今後、事故で亡くなったみんなの死を決して無駄にはしないために高校生の登山について自分の考え、気持ちを綴っていこうと思います。最後になりましたが亡くなった先輩、友人、先生たちのご冥福を心からお祈り申し上げます。

平成三十年三月十三日

栃木県立大田原高校山岳部　三輪浦淳和(原文のまま)

八番目の生徒の証言

「あの日の事を思い出すと、痙攣《けいれん》等の症状が出ることがある」

事故から半年が過ぎようとしているとき、このような精神状態だった隊列八番目にいた生徒。救助されたのは雪崩発生から約一時間後で、雪崩に埋没した十四名の四番目に救助されている。ケガもなく、生存救出された五名の中で唯一、動ける状態だった。野球と柔道で鍛えた強靱な体で体力があった。自らの意思で教員たちを手伝い、救助活動に参加している。救助活動を行なった教員は六名。全員、大田原高校以外の教員だった。そのため一班の生徒の顔、名前がわかる教員がいなかった。八番目の生徒にしかわからない。そのため、八名全員の埋没状況と心肺停止状態の顔を見て、氏名を確認している。ほかの四名の生存生徒は、ケガや低体温症のため動くことができなかった。山岳部の活動をともにしていた同級生、上級生、教員。とりわけ佐藤宏祐《こうすけ》さんは親友だった。小学校四年生から学童野球を始め、主将と副主将だった。ほかの運動部に入るつもりだったが、佐藤さんに誘われて山岳部に入部している。八番目の生徒は、親友の〝十六歳の死に顔〟を見なければならなかった。その生徒の証言だ。

2016年12月25日、日光白根山頂上での記念写真

輪かんじきを付け、ラッセルした

大田原高校山岳部の一班は、那須温泉ファミリースキー場の一本木から、斜度三〇～四三度の支尾根急斜面を登っている。尾根の上に出ると傾斜は緩やかになる。支尾根から尾根上は、直径五～二〇センチの若いダケカンバやハンノキの疎林だ。林床はネマガリダケ。「天狗の鼻」と呼ばれる巨岩直下の斜面になるとほとんど木がなくなり、斜度三〇度以上の急斜面になる。最大斜度は三八度。雪崩が発生したとき、斜度三〇度ほどの急斜面で立ち止まっていた。

「ラッセルすると、急斜面の登りでは膝上くらいまで埋まった。平均的には、三〇～四〇センチの深さ。さらさらではないが、握りしめると固まるくらいの雪だった。空は灰色の雲に覆われていて、上空も地上も風が強いと感じない。救助されてから風が強まり、雪が激しく降った。一年生は二年生に比べ体力が劣っているので、先頭集団の二年生についていくのがやっとという感じだった。先頭が立ち止まっているのが見えた」

隊列全体の長さは、五〇～六〇メートルほどだろう。先頭集団が立ち止まっている間に後続の一年生集団が追いつき、隊列は約二〇メートルほどの長さに縮まっていた。

「雪崩が発生したとき、一班は急斜面で立ち止まっていた。斜度はわからない。最後尾にいる菅又先生とラッセルの先頭を交代しながらやっていた浅井譲さんと二番目の生徒、そして三番目の大金実さんが、どこまで登るのか話し合っていた。先頭グループと最後尾は距離がありすぎ、直接の会話が成立しなかった。中間にいる自分たちが伝言ゲームのようにして言葉を伝え合っていた。

斜面上部を向いて立ち止まっていた。二時の方向、右斜め前七〜八メートル前方に横に走る長く、大きな亀裂が見えた。その瞬間、立っている場所の雪面全体がずれるような感じがして、足下から雪崩に巻き込まれていった。雪崩の音は何も聞こえなかった。

体は後方に倒され、横向きになり、後転しながら流されていった。流された時間は十秒ほどに感じた。木に何回か当たり、全身が埋没した。体は斜面下向き、ほぼ直立に近い状態だった。雪の動きが止まると、〝ギュッ〟と体が締め付けられ、肺の中の空気が押し出されていく感じがした。暗くて何も見えない。左手が雪面に出ていて、左腕を少し動かすことができた。少しずつ、少しずつ左腕を動かし、口の周囲に空間を作っていった。口に入っていた雪を溶かし、呼吸できるようにした。

全身が埋没しても意識は明瞭だった。

埋まっているすぐ下に、萩原秀知君が埋まっているのがわかった。呼吸音が聞こえる。『ハギ、ハギ』と呼びかけたが、返事は返ってこなかった。『ハギ、ハギ』、『ハギ、ハギ』と何回も呼んだ。だんだん萩原君の呼吸音が荒くなっていった。とうとう、萩原君の呼吸音が聞こえなくなりました」

雪面に出ていた左手に気がついて、三班の引率教員と四班の講師が、八番目の生徒を掘り出した。八番目の生徒が救助されたのは、雪崩発生からおよそ一時間後と思われる。八番目の生徒が救助されたとき、二番目の生徒、五番目の生徒、最後尾の十四番目にいた菅又教諭が救助されていた。三人の手が雪面から出ていたため、発見されている。

八番目の生徒の救助活動

「自分より深いところに萩原君が埋まっているのがわかっていた。先生からシャベルを受け取ると、先生と二人で救助を始めた。雪が硬くて重く、掘ることが重労働だった」

それ以上、深くまで掘ることができなかった。

掘っている途中、眼鏡、ピッケル、登山靴の靴底が見えた。三輪浦が俯《うつぶ》せたまま埋まっていた。

ここまで掘って八番目の生徒は、場所を移る。

シャベルは各校二本、共同装備として持っているはずだったが、救助現場にシャベルの数が足りなかった。二人ひと組となって救助作業が続いた。シャベルやピッケルで掘る者、掘った雪を掻き出す者。救助する人の数もまた、足りていなかった。

八番目の生徒が埋まっていた場所には、三輪浦、萩原秀知が埋まっていた。三人とも木に引っかかって埋没していた。そこから一〇メートルほど下流で沢が屈曲する。そのため、デブリが大量に堆積し、直径一〇メートルの範囲に五名が埋没していた。

発見すると、顔を優先して掘り出した。呼吸を確保するためだ。顔が現われると八番目の生徒が確認し、教員たちに名前を教えた。

八番目の生徒は手袋を失い、救助作業を素手で行なっていた。柔道で絞め技をするので、頸動脈で脈を確認することに慣れている。顔を掘り出すと頸動脈に指を当て、脈を取った。五名の首に手を当てたが、脈を感じることができた者はいなかった。


発見の順番は以下のとおりである。最上流から屈曲点まで約五〇メートル、幅二〇メートル。

《最上流》
①—隊列二番目の生徒（生存）
《最上流の下部》

②―隊列四番目の生徒（生存）
③―隊列十四番目菅又教諭
《木の周辺》
④―八番目の生徒（生存）
⑤―三輪浦淳和（生存）
⑥―萩原秀知（隊列九番目）
《屈曲点付近》
⑦―大金実（隊列三番目）
⑧―奥公輝（隊列十番目）
⑨―佐藤宏祐（隊列十一番目）
⑩―高瀬淳生（隊列十二番目）
⑪―浅井譲（隊列一番目）
⑫―五番目の生徒（生存）

救助隊が到着するまでに発見できたのは十二名。生存は六名。心肺停止状態は六名。

あと二名（鏑木悠輔、毛塚悠輔教諭）の埋没地点がわからなかった。

「ラーメンを食べていいのかな？」

救助隊九名が現場に到着したのは、午前十一時四十五分。雪崩発生から三時間二分が経過していた。八番目の生徒は、救助活動を救助隊に委ねた。山へ行くとき、携帯電話の予備バッテリーを必ず持っていく。携帯電話は使用できる状態だったので、ＬＩＮＥを使って父親へ電話をかけた。十一時五十分、父親の携帯電話に着信があった。父親は雪崩事故を知り、那須温泉ファミリースキー場へ向かっている途中だった。話ができないうちに切れてしまった。電話がかかってきたことから、息子の無事を悟った。低温のため電池がシャットダウンした。

次に連絡があったのは、救助隊といっしょに下山し、スキー場のセンターハウスに収容されてからだ。

「今、建物の中に入っている」

「（佐藤）宏祐《こうすけ》は？」

「おそらく心肺停止」

夜九時頃、父親は那須日赤病院で息子に会う。いつもと同じ姿だと思った。だが、車に乗り、ドアを閉めた途端、泣き出した。ボロボロと涙を流し、嗚咽を上げ続けた。

「朝、いっしょにいたんだよ。前の日もいっしょに温泉に入ったんだよ。それでもみんないなくなった」

息子は食べることができなくなった。

遺族の家を一軒一軒訪れ、お悔やみを言いたいと言う。

「無理をしなくてもいいんだよ」

「話をしないといけない」

親子で遺族の家を訪ねて回った。

「生きてくれてありがとう」

どこの家でも、遺族は息子を慰めてくれた。

弔問を終え、ラーメン屋に入ると息子が言った。

「ラーメンを食べていいかな？」

「食べていいに決まっているだろう」

「みんなは亡くなって、自分は生きている。お腹が空いたという感覚が、亡くなったみんなにはない。食べていいのかな……」

生き物として感じる当たり前の空腹感。空腹を感じ、生きていることを実感する。

八番目の生徒は、生きていることに罪悪感を感じていた。

三輪浦淳和の証言

父親は環境コンサルタントの仕事をしていて、登山が趣味だ。中学三年生の夏休み、日光白根山（二五七八メートル）をいっしょに登った。

「日光白根山の頂上から五色沼の景色を見たとき、自分の足で行けるところにこんな美しいものがある。登山をするきっかけはそこからです」

大田原高校への進学を希望していたので、中学三年の夏休み、学校見学に行った。

「立派な山岳部があると聞いていたので部室を見学したら、凄く雰囲気が良かった。ここでならやっていけるかなと思った。部室はとてつもなく汚かったけれども、和気藹々《わきあいあい》と騒がしくやっているのが良かった。ほかの運動部だと体を動かして練習ばかりやっているけど、山岳部はしゃべっている時間が長い。コミュニケーションをとる時間が多いので、部員としてではなく仲間として友達を見つけられる場所なのかと思いました」

入学すると山岳部に入部した。山岳部に入ったら、アルプスの縦走をしたいと思っていた。その夢はすぐに叶う。夏休みに日本第二位の高峰北岳（三一九三メートル）と農鳥岳（三〇二六メートル）など南アルプスの山々を縦走したのだ。

「日の出のとき、晴れて稜線から雲海が見えていた。ほんとうにこんな景色があるものだと空を眺めた。幸せだと思える瞬間が、生まれて初めてありました。眼で見て、肌で触れて、耳で聞いて、やっぱり映像で見るのとは全然違う世界が今、目の前にある。人生まだまだ、棄てたものじゃないと思いながら、雲海と朝陽を眺めていました」

生まれて初めての体験は、冬休みにもあった。積雪三〇～四〇センチ、雪の日光白根山を登ったのだ。

「雪山の美しさのイメージとかありましたけど、想像以上の美しさが広がっていました。近景で言えば樹氷の美しさであったり、向こうを眺めれば雪景色が広がっていたり、心が惹かれる景色でした。雪山に対して元々持っていた恐怖心、雪山の危険は想像する以上にあると思いました。雪なので足場が脆い。道が雪に隠れ、見えないのでどこを登っていいのかわからない。遭難をしやすいのは冬山なのかと思いました。夏山よりも危険が多いわけで、恐怖を感じまし

夏休みに縦走した北岳頂上で、三輪浦淳和さん

た。でも雪山にいろんな意味で惹かれました。環境的に厳しいので、いつも以上に仲間との協力が必要だったりする。だからこそ非常に楽しい。もちろん怖さもあるけれど、自分たちで道を考えながら、いつも以上に考えながら登らないといけない」

登山が大好きになった。そして、自由な雰囲気。上級生、下級生が助け合う仲間としての山岳部が大好きになった。先輩二人といつか、アフリカ大陸最高峰キリマンジャロ（五八九五メートル）の遠征に行こうと、夢を語り合うまでになっていた。

雪崩発生

三輪浦も、天気はそれほど悪くなかったと言う。樹林を抜けて、木がまばらになる付近まで登ると、尾根を越えてくる風が吹いていてきた。それほど強風ではなかった。

「あんまり天気は芳しくはないですけど、行動に支障が出るレベルではないのかなと思っていました」

一班は急斜面の途中で立ち止まっていた。

「先頭の二年生たちが、上に行っていいですか？　と菅又先生に質問をして、ダメだと言われました。では、どこまで行くのか。伝言ゲームで、いろいろ話し合った結果、〝あの岩〟（天狗の鼻）までと先生が指示したので、あそこまで行って帰ってこようと決まりました」

先頭が歩き出した直後、雪崩が起きる。

「前にいる六番目の人にかなり接近し、斜面の上を向いて立っていました。二〇～三〇メートル離れた一時の方向から、雪が崩れてくるのが見えました。雪がうごめいているようだった。あー、雪崩だと思いました。自分は目が悪いので、雪が動いているのをはっきりと見たわけではないですが……」

雪崩の音は何も聞こえなかった。

「反射的に耐風姿勢を取ってしまいました。ピッケルを雪に刺し、前屈みの姿勢を取りました。耐風姿勢を取ったのは間違った反応だったと思います。耐風姿勢を取ると、体前面に（雪を）食らうじゃないですか。崩れている雪は胸の高さまでありました。そのまま雪に体を後ろに持っていかれた。流され始めたのは、雪崩が発生してわりと早い段階。最後に見た景色は、みんなが立っているところです。全員が立っていたかはわからないけど、かなりの人数が上に残っている状態。だから雪崩に流されたのは、自分一人だけだと思いました。あとは体がぐるぐる回った。流された最初の頃はピッケルを持っていました。ピッケルを雪に刺して止まれるかなと思ったけど、止まれるようなスピードではないし、自分にも当たるし、危ないので途中で棄てました。そのあと体が木に激突して、足が当たって止まることができた。雪に埋もれてしまいました。俯せたままの姿勢で、左足の膝を木にかけた体勢。足を山側に、頭を谷側にして埋まりました」

流されながら体はぐるぐると回転をした。そのため重力の感覚みたいなものが薄れていた。仰向けに埋まっているのか、俯せたまま埋まっているのか、どっちを向いているのか考えた。俯せに近い状態で埋没しているのだろうと判断した。三輪浦はこのままでは死ぬだろうと思い、自力脱出できるか試してみた。左肘を動かす。まったく動かない。動かすのを止めようと思うのだが、体がパニックを起こし勝手に動く。手と足が、バタバタと暴れる。自分では制御できなかった。頭は冷静になろうとするのに体は死を恐れていた。これを止めないと死んでしまう。手よ、止まれ。足よ、止まれ。必死にそう考えると三十秒ほどで暴れる手足が静まった。自力では助からない。誰かに助けてもらうしか生きる方法はないと思った。全身が埋まっていても呼吸ができたので、意識を失うことはなかった。直径一〇センチほどの幹が複数ある木の周囲に埋没したので、空間があった。時間が経つにつれ寒くなる。ほんとうに寒かった。考えるのは父、母、妹、家族のことばかりだった。雪崩に流された瞬間に見えたのは、斜面に立っているみんなの姿だ。流されて埋まっているのは自分だけ。みんなは流されずに上に残り、自分を探すために下りてきていると考えていた。全員が流され、埋没しているなんて想像もしていなかった。

かすかな足音が聞こえた。もしかしたら助かるかもしれない。

「誰かが捜しに来てくれたのかな？」

と思った。シャベルで雪を掘る音なのか、サクサクと音が聞こえてきた。暗闇に光が入ってきた。ところが、酸欠の影響で目が見えない。名前を聞かれた。

「自分の名前はなんだっけなあ……」

すぐに名前を思い出せなかった。必死に名前を言おうとしてもろれつが回らない。言葉にならない「あー」とか「うー」という声を出していた。雪の中から出ると地獄のように寒かった。教員が十分ほど抱きしめ、暖めてくれた。時計を見ると十時四十分だった。ほぼ二時間、雪の中に埋没していたことになる。

いつもと違う隊列

生徒たちへの聞き取り調査を行なった結果、三月二十七日の隊列の作り方が通常の山行と違っていたことがわかった。ふだんの山行では、先頭と最後尾に部長である大金実と最も体力がある浅井譲が位置し、無線で連絡を取りながら交代していく。常に上級生、下級生、上級生と挟むのだが、この日は上級生全員が前に集まっていた。ふだん、こんなことはないという。なぜなら、一年生が必死に歩いていても二年生は雑談をしながら歩いていける。それほど一年生と二年生では体力レベルが違うからだ。顧問の猪瀬教諭は生徒たちより体力が劣り、登るスピードが遅い。休憩すると、元気な生徒が猪瀬教諭を迎えに戻り、ザックを担いで登り直す。朝、出発前に行動予定を猪瀬教諭と部長、選手たちが打ち合わせる。予定を変更するときは、部長が猪瀬教諭に無線で連絡し、承認を得る。迷いやすい場所、生徒が判断に悩むような場所、つまり危険が予想される場所では、猪瀬教諭が必ず先頭になって登る。二〇一五年十二月の日光白根山では、登山道が雪に覆われてルートがわからない場所があった。そこは猪瀬教諭が先頭になり、ラッセルをして登った。

この日、二年生六名が先頭集団を作り、体力が優れた浅井ともう一人の選手が交代しながらラッセル。一年生六名が後部集団を作っていた。ふだんは、このように二年生だけが固まる、一年生だけが固まるという隊列を作らない。生徒たちが話し合ったわけではなく、自然にこのような隊列になったのだ。

なぜこんな隊列になったのか。

一本木からラッセルして登ったルートは、登山道がない。生徒たちが雪山を登った経験は、日光白根山があるだけだ。二年生なら二回。一年生なら一回。日光白根山は登山道がある。登山道が雪に隠れルートがわからない場所もあるが、基本的には登山道に沿って登る。地形、積雪状態を見て、ルートを考えルートを探し、ラッセルして登る。このような雪山登山の経験が、生徒たちになかった。この日、初めて経験することになったのだ。

菅又教諭から指示された灌木が生え、急斜面が続く支尾根を見て、ある生徒は、

「そうなんだ。こんなところを登るんだ」

と思ったという。

春山安全登山講習会の最終日。大雪になり茶臼岳登山を中止。代わりに行なう一時間半の歩行訓練としては、生徒たちの経験と能力を越える〝ラッセル訓練〟だったのではないか。だか

ら体力が劣る一年生が後部にまとまり、体力の勝る二年生が前部にまとまったのだと私は思う。私は、菅又教諭は十四名の隊列の最後尾に位置すべきではなかったと思う。検証委員会報告書（以下、報告書）によれば、

「他校の生徒であるため一人一人の名前がわからず、適切な指示が出せなかった」

と菅又教諭は述べている。菅又教諭は立ち止まるたびに、先頭集団の生徒と中間にいる生徒を介し、〝伝言ゲーム〟を行なってコミュニケーションをとっている。隊列の四、五番目に位置すれば、これから登る斜面の状況、先頭集団の生徒たちの状況を把握できたと思う。声が届く距離ならば、生徒たちと直接の会話もできたはずだ。

五番目の生徒の証言

隊列六番目にいた鏑木悠輔から前は全員二年生だ。センターハウスを出発するとき、菅又教諭から「横一列に並び、一本木までラッセルしていく」ことを指示された。一本木からは、「斜面を登る」ことを指示された。指示は、おおよその方向を示すだけだった。部員でいちばん体力がある浅井譲と選手の二人が、斜度三〇度から四二度の急斜面を登った。

「俺が、崩れない道を作ってやる」

ラッセルする生徒は意気軒昂だった。

どこを目的にして、どの辺りまで登るのか。菅又教諭は生徒たちに指示をしなかった。

「どこまで登るのか、さっぱりわからない」

生徒たちに戸惑いがあった。雪崩の危険があるので沢筋を登らず、木が生えている尾根を登る。二人は灌木が生えている尾根筋を登っていった。沢といっても少し窪んだ程度の狭い沢地形だ。標高差五〇メートル登ると斜度が四〇度を越え、大きな岩が出てきた。先頭を交代した。ここを過ぎれば、斜度は緩くなり、尾根の上に出る。疎林の中を進んでいると一年生の足が攣《つ》った。先頭集団の二年生は、一年生たちがついてこないので立ち止まる。伝言で、足が攣った一年生がいることを知り、雪面を平らにして座り、休憩して待った。一班のトレースを使って三班が登ってくるのが見えた。

「道を譲るか、先に進むか判断して」

と菅又教諭が問いかけた。先頭集団は相談して先に進むことにした。

歩き出して四、五分で、

「休憩して、引き返そう」

と菅又教諭の言葉が伝わってきた。

「わざわざ雪面を平らにして休憩スペースを作って休憩したのに……。後ろの人が来るって言われて、行きますといったら、すぐまた引き返そうみたいな話になった。それで菅又先生の指示に疑問を感じ、うん？　となりました。ちょっと（納得がいかない）……」

樹林がなくなり、急斜面をしばらく登ると、また同じ問いかけがあった。

「休憩して、引き返そう」

〝伝言ゲーム〟で話をして、

「天狗の鼻まで行ってよい」

との回答を得て、先頭が歩き出した。五番目の生徒の証言だ。

「それまでは右手から横風が吹いていたのに、前から吹いてくる風を感じました。そして、〝んー！〟、音というか風圧というか、何か迫りくる異様な雰囲気を感じました。でもそれが何かわからない。迫りくるものは、不気味な……。不気味なというか……、何かが迫ってくるというか、風……、というか、ちょっとそれは表現しにくいです」

〝んー！〟と思った瞬間、流された。

迫りくる異様な風圧、雰囲気。斜面が崩れ、雪崩が流れ始めた瞬間だ。何が起きたのか、まったくわからなかった。斜面を後転しながら転げ落ちていく。怒涛のように流れる雪の中は暗闇だった。

「グルグルグルグル、後方に五、六回、回転しました。なんとかしよう、生きたいと思って足と手をバタバタさせたんです。そうしたら、だんだんすーっと流されるようになって、斜面と平行に流されるようになってきた。そうすると体勢が安定しました。流されているとき、意識して口を閉じました。自分の体が止まったとき一瞬だけ、光っぽいものを感じましたけどその後、ザッザッて雪が乗ってきて、暗くなって、ああ……という感じで真っ暗になりました」

ほぼ直立している状況で、少し斜面下方を向き、埋まってしまった。体勢は体を安定させようと両足を少し開き、両手を上げ、バタバタと動いている状態のままだ。立ち泳ぎをしているような格好だ。

「体を上とか下に動かそうとしたけど完全に雪に固められ、ピッケルを持っていた左手の指先は、頑張れば少しだけ動いた。でも右手は完全にロックされた状態。流れが止まると雪がぎゅうっと締まってきました」

閉じていた口を開けた。幸い、雪が口の中に入っていなかった。呼吸できる。

「頑張っていろいろ体を動かそうとするけれど、そうするとどんどん呼吸が苦しくなってきて、

〝これ、ちょっと無理だな〟。で、居場所だけは知らせておきたい」

叫べば空気がなくなり、呼吸できなくなる。叫ぶなら、一回だけだ。

「助けて！」

思いっきり叫ぶと力が尽き、意識を失った。

肩を叩かれ、声をかけられ、目が覚めた。上半身は掘り出されていたが、両足は雪に埋もれたままだった。雪崩発生から一時間ほど経過していた。救助されたのは三番目で、ケガはなかった。

「意識が戻った直後はなんか、必死に雪の中から出ようとする思いで体を動かせたんです。木の近くで休んでいてと言われ、必死に歩いたことは歩きました。でもたどり着いて、止まっちゃうと、もう全身の震えが止まらなくなった」

この生徒を介助する者は誰もいなかった。六人の教員たちは、残り九名の埋没者を探すのに必死だったからだ。

五番目の生徒は、行動食のクッキーにチョコレートをまぶしたお菓子を数個、ベビースターラーメンを食べた。

救出されてから一時間、震え続けた。行動食を食べたので、だんだん体が温まってきた。震えはほぼ止まり、普通に立てるくらいまで回復した。その後、五番目の生徒は自分で歩いて下山できた。

四番目の生徒の証言

隊列四番目の生徒は、救助隊到着直前に埋没地点が判明。救助隊によって掘り出された。心肺停止状態の生徒たちと顔色が違い、救助隊員たちは生きている人間だと感じた。

「小学二年から野球を始め、中学は野球部。栃木県大会でベスト四になっている。でも大田原高校で野球部に入ることは考えなかった。自分は野球がそれほど巧くないと思っていたし、野球部でやっていく自信がなかったからだ。父も母も教員だ。父はスポーツが大好きで、毎日、父と弟の三人で三キロを走っていた。スキーにもよく連れていってもらっていた。父が「大田原高校に進学するなら、山岳部に行け」と言うし、中学の野球部の先輩が山岳部にいた。山岳部の印象は、『山を楽しむクラブ』。先生と生徒、生徒同士がとても仲が良さそうに見えた。山は景色がきれいで、自分が住んでいる世界と違う。ふだんおしゃべりをするタイプではないが、山では仲間としゃべる時間が多くなる。仲間としゃべるのは楽しかった。自然も山岳部の仲間も、とても心地よかった」

前に部長の大金実がいた。

「実が、〝あっ〟と声を上げたので、何かあったかなと右を見ました。右を向いた瞬間、雪崩に体を持っていかれました。逆さまに斜面を落ちていった。斜面に対して横向きに、ローリングするように流されていきました。流されているときは暗かった。何かにぶつかった記憶はありません。雪崩が止まると真っ暗になった。すぐに雪がガチガチに硬くなり、動こうとしても動けなかった。息をしようと口を開けると雪が入ってくる。いっぱい入ってくるなあと思いました。頭を山側にして足が谷側、上向きに埋まっていました。記憶があったのは一分くらいです。気がついたら、病院の集中治療室のベッドの上でした」

三時間半もの間、雪崩に埋没していた生徒は、低体温症になっていた。集中治療室で、医師たちは体温を上げる治療を続けていたのだ。意識が戻ったのは、雪崩事故から二日後の夕方だ。目を開けると弟の顔が見えた。

「にい（兄）」

と呼びかけてくれた。

「弟だな」

とわかったが、声が出ない。隣で母が泣いていた。

競争心

大田原高校山岳部は九年連続、高校総体に出場している。

二〇一六年に高校総体県予選で優勝しているのだが、二位の真岡高校とはわずかの点差しかなかった。区間を定め、三人の選手が合計四五キロのザックを背負って走る種目で、真岡高校との時間の差はわずか。大田原高校の防寒着が、認められている素材でなかったと判定され、いったんは真岡高校の勝利が決まる。大田原高校が抗議して判定が覆り、僅差での優勝になったという。

元大田原高校山岳部顧問で、今は他校の顧問になっている教員が生徒たちに言った。

「先生たちの間では、今年のインターハイ県予選は真岡高校が勝つんじゃないかという話になっているぞ」

「走りでは真岡高校に絶対に負けない」

二年生たちは勝つための戦略を練っていた。しかし、今年の真岡高校は走るのが速い。選手たちは危機感を抱いていたのではないか。選手たちは高校総体十年連続出場を目指し、一つ一つの山行で燃えていたという。

二班は真岡高校八名（一年生五名、二年生三名）と、宇都宮高校二年生五名で編制されていた。ところが、二十六日の講習を終えた宇都宮高校の二年生は、スパッツや手袋をテントの外に置いたまま寝てしまい、びしょ濡れになってしまった。そのためセンターハウス前に集合したとき、手袋をせず、スパッツも着けていなかった。

二班の講師の渡辺前委員長は、

「装備が不十分なため、ラッセル訓練に参加するか、テントに残るかの判断は君たちに任せる」

と言った。生徒たちは、テントに残ることを決めた。そのためこの日、二班は真岡高校の生徒だけになった。

一班の講師、菅又教諭は真岡高校山岳部顧問。二班の講師、渡辺前委員長も真岡高校山岳部の顧問。樹林帯を抜ける付近で立ち止まったとき、右手の急斜面を登ってくる真岡高校の生徒たちが尾根の上に出てきた姿を見ている。

「大田原高校の生徒が、真岡高校の生徒たちに競争意識を持っていたのかもしれない。真岡高校の生徒たちが見えたときに、もう少し上に行きたいと思ったのかもしれない」

高校総体栃木県予選で連続優勝したトロフィーが並ぶ

二番目の生徒の証言

「いちばん雪が深い吹き溜まりのようになっているところで、腰ほどまで雪がありました。新雪は、さらさらだったというイメージしかなかった。さらさらとした新雪の下は、硬いしまり雪だった。登山靴をしまり雪に蹴り込み、キックステップで登れば、ラッセルはさほど大変ではなかった。一年生の足が痙《つ》り、休憩してからまだ五分ほどしか登っていないときに、菅又教諭が声をかけてきた。そこは主流路の沢と北側の沢の分岐付近の平らな場所だ。

「休憩しよう」、「引き返そう」

そのとき先頭でラッセルしていたのは、体力がある浅井譲と二番目の生徒。その後ろに部長の故大金実がいた。彼ら三人は相談する。足が痙るというアクシデントがあって、一度休憩をしたばかりなので、休憩は必要がないと判断する。

「休憩したばかりだから進みたい」

「行っていいよ」と返事が返ってきた。

斜面が急になり、登って五分ほどするとまた、菅又教諭の言葉が伝わってきた。

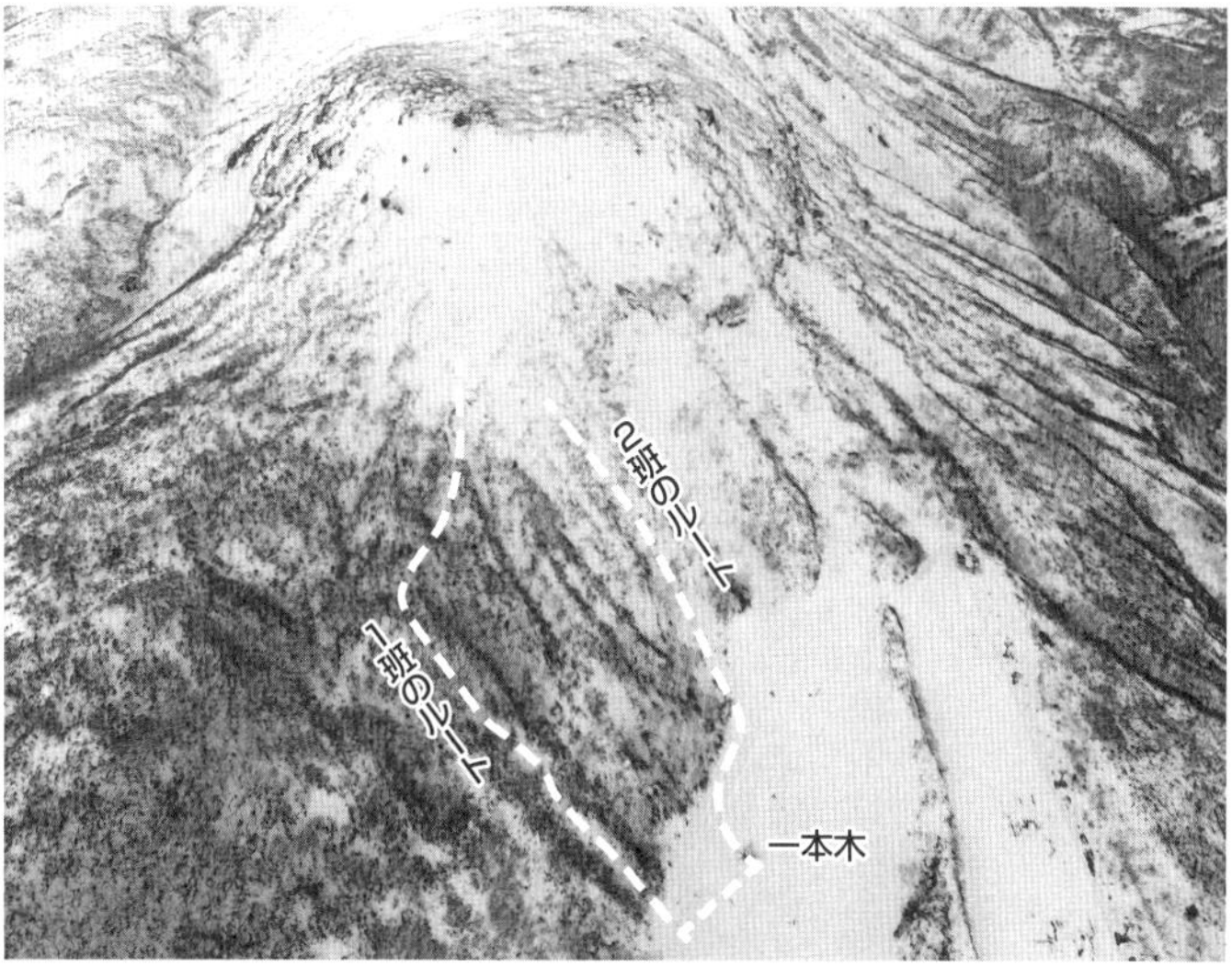

生徒証言による1班のルートと報告書の2班ルート

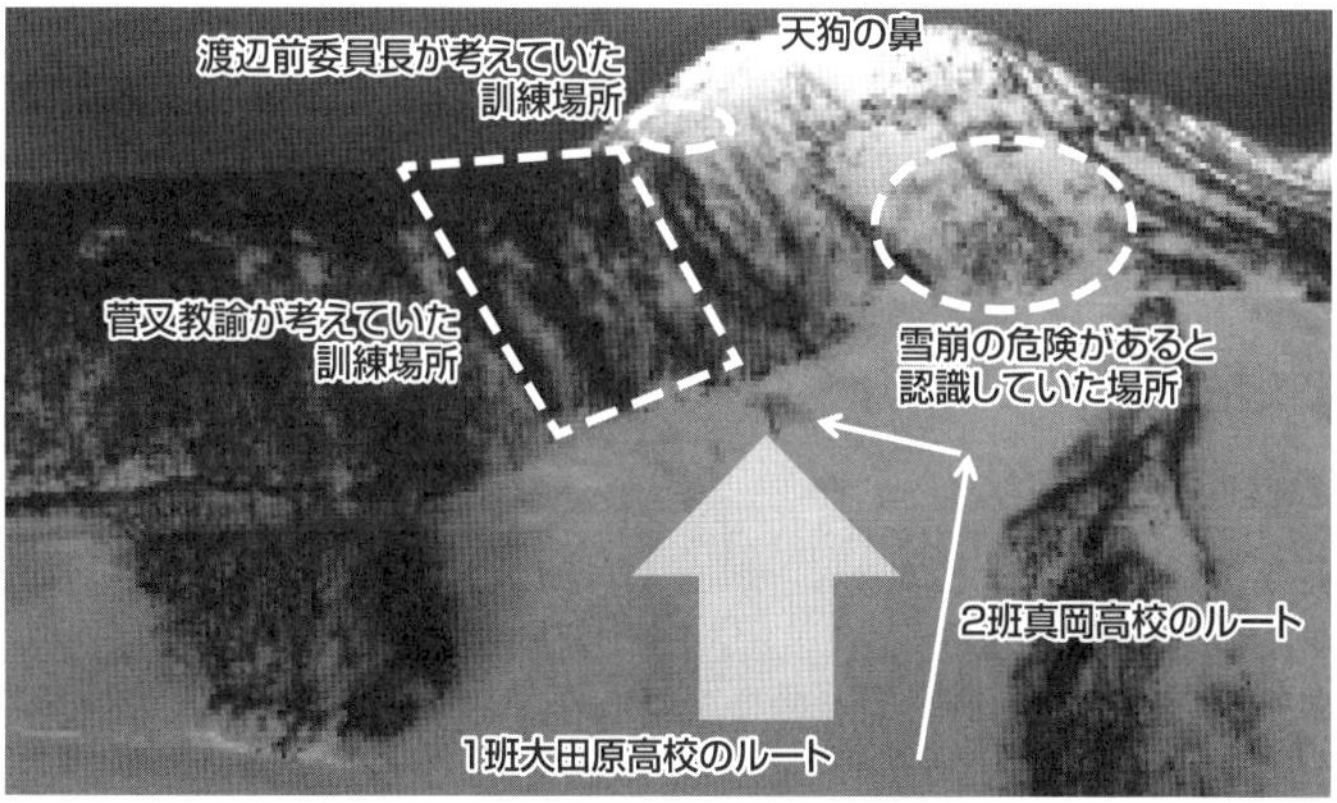

ラッセル訓練を想定した場所と1班、2班の一本木へのルート

「休憩しよう」、「引き返そう」

生徒たちへの聞き取り調査からは、こういったことを菅又教諭から言われたとしか話が聞けなかった。報告書では、「この先は急になるし、滑落の危険があるので戻ろう」と菅又教諭が伝えたと述べられている。伝言ゲームのようにして伝えられた言葉が、正確に伝えられなかったのだろうか。

再び三人が相談する。その頃、右手から吹いてくる北西風が強まっていた。立ち止まっている場所は、三〇度ほどの斜面で、右側が盛り上がり、左側は急になって落ち込んでいた。隊列が立ち止まっている場所は風をさえぎるものがない。休憩に適していない。

「休憩するなら前に見えている岩陰で風を凌ぐか、樹林帯に戻るかというところで迷いました。岩陰に入れば風を避けることができると考え、岩（天狗の鼻）まで行って休憩をしようという判断を三人でして、それを菅又先生に伝えたところ、許可が下りたので進みました」

どこまで行くか、どこまで登るかを指示されていない生徒たち。決められた目的地がない状態だ。「天狗の鼻」まで、十分ほどで登れると考えていた。「岩（天狗の鼻）」まで登って休憩し、下山しても集合時間の九時三十分までにセンターハウスに戻れるだろう。彼らはそう考えた。

「歩き始めるので、隊の準備が整っているかを見るため、振り返ったところ、隊列右側の雪面上に亀裂が入っているのを確認しました。亀裂は一・五メートルほどの等間隔で、下から上に伝播するように上がってきました。どこまで亀裂が入っているかはわかりません。私の見えている範囲に、亀裂が真横に走っていたと思います。亀裂は私より上へ、ばーっと入っていきました」

斜面を真横に走る亀裂の長さは、一班の隊列の長さよりはるかに長かった。三〇メートル以上、あっただろう。生存生徒五名の中で下方を見たのは、この生徒だけだ。

「あっ、やばいと思いました。雪崩れるのではないかと思いました」

手にピッケルを持ち、体を前向きにして雪面に突き刺そうと身構えた。ところが二番目の生徒より上まで伝播してきた亀裂の動きが、一瞬止まった。

「あっ、亀裂が入っただけなんだと思って、前にいる浅井君に引き返すための指示を、声をかけようと思った直後、雪崩が発生しました」

浅井と目が合った。次の瞬間、足下が崩れ、腹部にガッと雪の衝撃を食らった。体が引っくり返り、仰向けになって雪崩に巻き込まれた。すぐ、真っ暗になる。頭が斜面下を向いていた。口の中に雪が入ってきて苦しかった。吐き出そうとしてもどうにもならなかった。

「なんとか雪面上に出ないといけない。平泳ぎのように両手で雪を漕いだ」

一瞬だけ手が雪面に出たのだが、暗闇の中を流されていく。止まることができたのは、背中から木にぶつかったからだ。雪が体の上を流れていき、海老反りのようになってしまった。顔が雪面に半分だけ出ていた。右手が動いたので顔の雪を払い、左手を掘り出した。自力脱出を試みたが、左足が動かない。指先は動いたので、神経は切れていないと判断した。動きが止まった雪は、硬くしまり、動けないままだった。

しばらくすると人の声が聞こえてきた。明らかに人の声だ。

「助けてー！」

何回も、何回も、叫ぶ。だが、誰も来てくれない。声の様子から、慌ただしい雰囲気が伝わってきた。

「忙しくて、誰も気がついていないのか……」

雪崩に埋没してから三十分ほど経過して、若い教員が救助にやってきた。手で雪を掘り、救出してくれた。名前と学校名を尋ねられた。

「大田原高校の生徒が全員埋まっていると思う。探してくれ！」

その教員が無線で連絡し、四、五人の教員が集まってきた。

「埋まったのは自分たちだけだと思っていた。大田原高校も埋まったのか」

教員の一人が言った。

第九章

銀嶺の破断

一班はどこまで登ったのか

生き残った五人の生徒が証言する、雪崩が発生したときの一班の位置について検証してみたい。

生徒四名が、検証委員会報告で一班の先頭位置とした場所よりも、高い位置まで登っていたと証言した。隊列二番目の生徒が証言する位置が最も高く、検証委員会が一班の位置とする場所から一〇〇メートルほど高い。隊列四番目の生徒の「斜度が急になる付近」という証言は、菅又教諭の証言と一致する。

五名の生徒の証言を聞いて思うことは、初めて登った場所の記憶はあいまいであり、雪崩に流されて埋没し、仲間を失ったことが記憶に大きな影響を及ぼしている。一年生は体力に余裕がなく、地形の観察が二年生ほどできていない。二年生にしても先頭集団にいてルートを判断し、ラッセルしていた生徒の記憶が最も明確だった。

検証委員会報告書の一班の位置は、生徒たちの証言と違い低すぎる。一班はもっと高い位置まで登っている。そうすると、亀裂の位置（雪崩発生位置）も違ってくる。

1班の先頭位置とクラックの位置（検証委員会報告書から）

生徒たちの到達地点の証言

隊列7番目三輪浦淳和の証言

隊列5番目生徒の証言

隊列4番目生徒の証言

隊列2番目生徒の証言

雪崩はどこで発生したのか。
私は一本木から一班が登ったルートをたどって雪崩事故現場へ登り、検証したいと思った。
雪崩事故現場が雪に覆われる日を待つことにした。

一班のルートの検証

二〇一八年から一九年の冬は、少雪だった。那須温泉ファミリースキー場は十二月二十二日にスキー場開きを行なったが、雪不足で開業できたのは十二月二十九日。一月になっても雪不足が続いた。一月下旬、私は生徒たちの証言を検証するため、一本木から雪崩事故現場へ登った。一月下旬になっても積雪は例年の三分の一、一メートルほどしかなかった。

支尾根は最初から三〇度を越える急斜面。やがて四〇度以上の急斜面になる。ここを過ぎると大きな岩があった。隊列二番目の生徒が、先頭を交代した場所だ。

この岩を過ぎると緩やかな傾斜の尾根の上に出て、右へ向かう。疎林を進むとルート判断に悩む場所が出てきた。尾根の上を真っすぐ行くか、右へトラバースして主流路の沢に出るか。交代しながらラッセルしていた二人の生徒も判断に悩み、二手に分かれた場所だ。右へ進むと、

急斜面で、先頭が交代した地点にあった岩

ルート検証した際、1班が立ち止まった位置から、2班が尾根上に現われる地点（丸印）

主流路の沢にすぐ入る。左へ進むと上流で主流路の沢に入り、木立ちがまばらになる北側の沢との分岐に至っていた。

ここで菅又教諭が、「休憩しよう。引き返そう」と呼びかけたので、一班は立ち止まっている。その場所に立ったとき、私が推測した二班真岡高校のルートが、地形の状況と一致しないことに気がついた。私が推測したルートでは、尾根の上へ登ってくると一班の位置から非常に近く、数十メートルしか離れていなかった。簡単に声が届く距離で、標高がほぼ同じだ。生徒たちの証言、菅又教諭の証言から考えるともっと高く、遠く離れた場所に現われたはずだ。渡辺前委員長のストックを発見した位置を考えても辻褄が合わなかった。

生徒たちの証言をもとに事故現場まで登り、一班大田原高校のルートを確かめることができた。依然として、一班はどこまで登ったのか断定できないままだ。私が推測した二班のルートが違っていたことがわかり、二班がいったいどこを登ったのかわからなくなった。

吹き溜まりが発達する場所

私が事故現場に登る二日前、日本海を低気圧が北上し、その後、冬型の気圧配置になって那

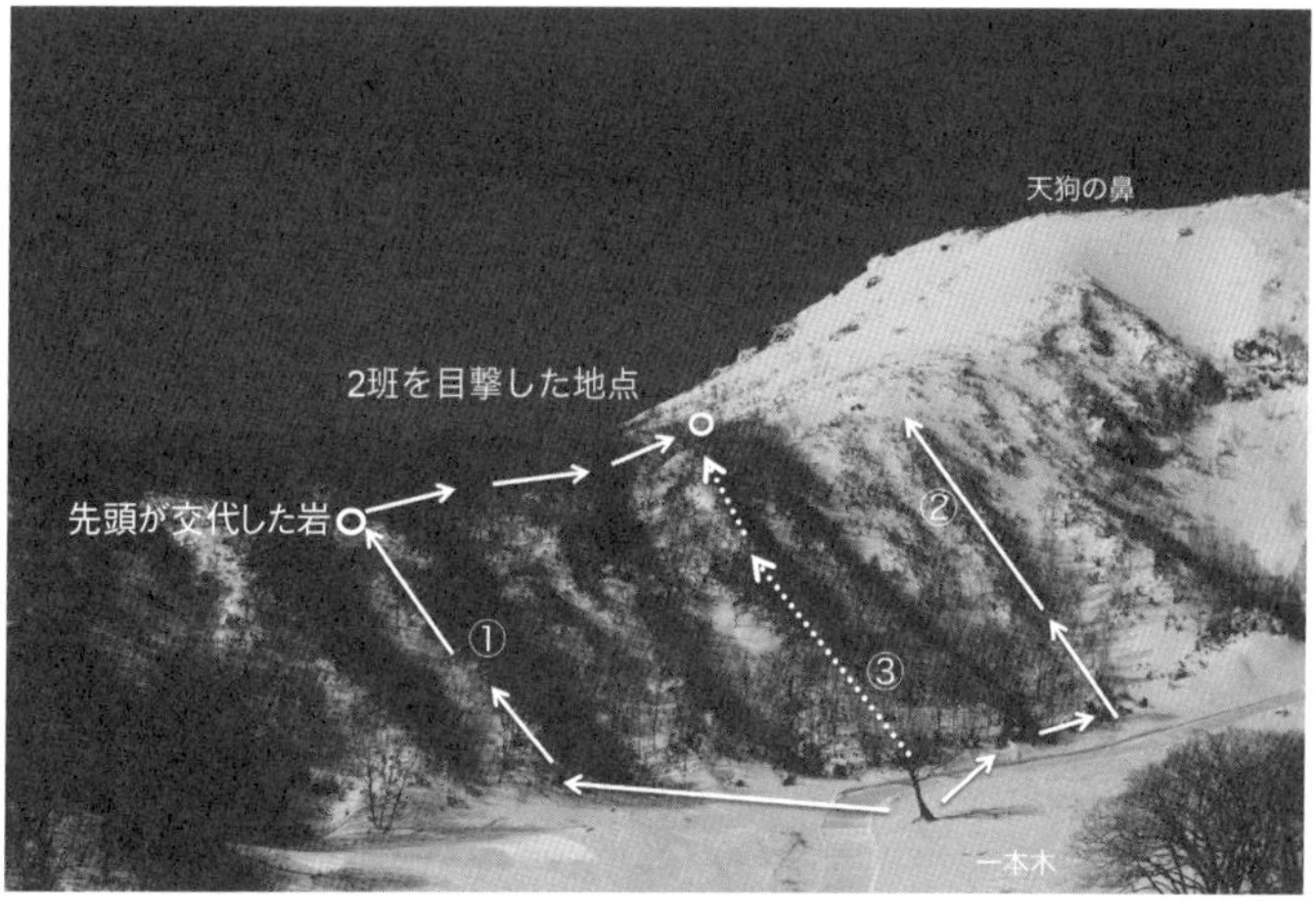

生徒の証言に基づく１班大田原高校のルート（①)、２班真岡高校の報告書のルート（②)、防災科研推定の２班のルート（③)

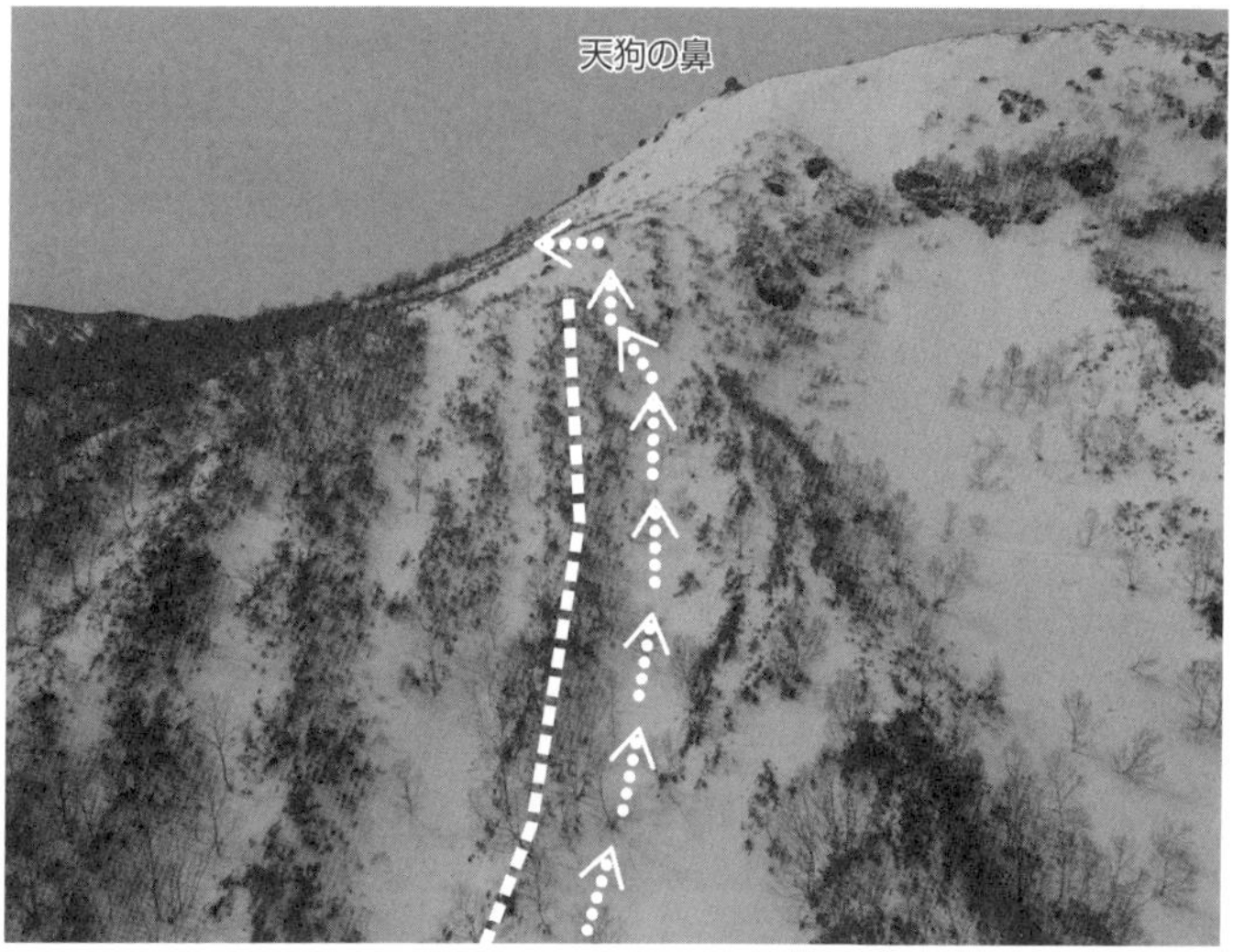

画像解析からわかった２班真岡高校のルート(右)と報告書のルート(左点線)

須岳周辺は大雪になり、強風が吹いていた。雪崩事故現場に降雪と強風の影響が色濃く表われていた。

天狗の鼻直下にできる「吹き溜まり②」より、尾根に沿う「吹き溜まり①」の方が発達していた。はっきり尾根地形とわかるほど高まりが見えていた。吹き溜まりが大きく発達するのは、天狗の鼻直下から少し北側から南東方向に延びる尾根。尾根といっても地形図に現われない微地形の風下側斜面だ。積雪が例年の三分の一でも、非常に顕著な吹き溜まりが発達していた。雪崩事故が起きたときはさらに大量の雪が吹き溜まり、盛り上がった顕著な尾根になっていたはずだ。雪崩が発生したのは天狗の鼻直下の斜面と考えていたが、この現場を見て微地形の尾根にできる吹き溜まりが雪崩発生の要因だと感じられた。

防災科学技術研究所は、無人飛行機を決められた経路に従って飛行させ、大量の航空写真を撮影した。これを一枚の写真に合成し、さらにオルソ画像に変換した。オルソ画像と無雪期に行なっている航空測量の写真データを比較することにより、積雪深を明らかにすることができるという。このオルソ画像は、高解像度、高画質な写真だ（二章六一ページを参照）。

私は防災科学技術研究所から提供されたオルソ画像を、色補正やネガモードに変換するなどして画像処理を行ない、拡大して観察した。すると一班大田原高校のラッセル痕跡、二班真岡

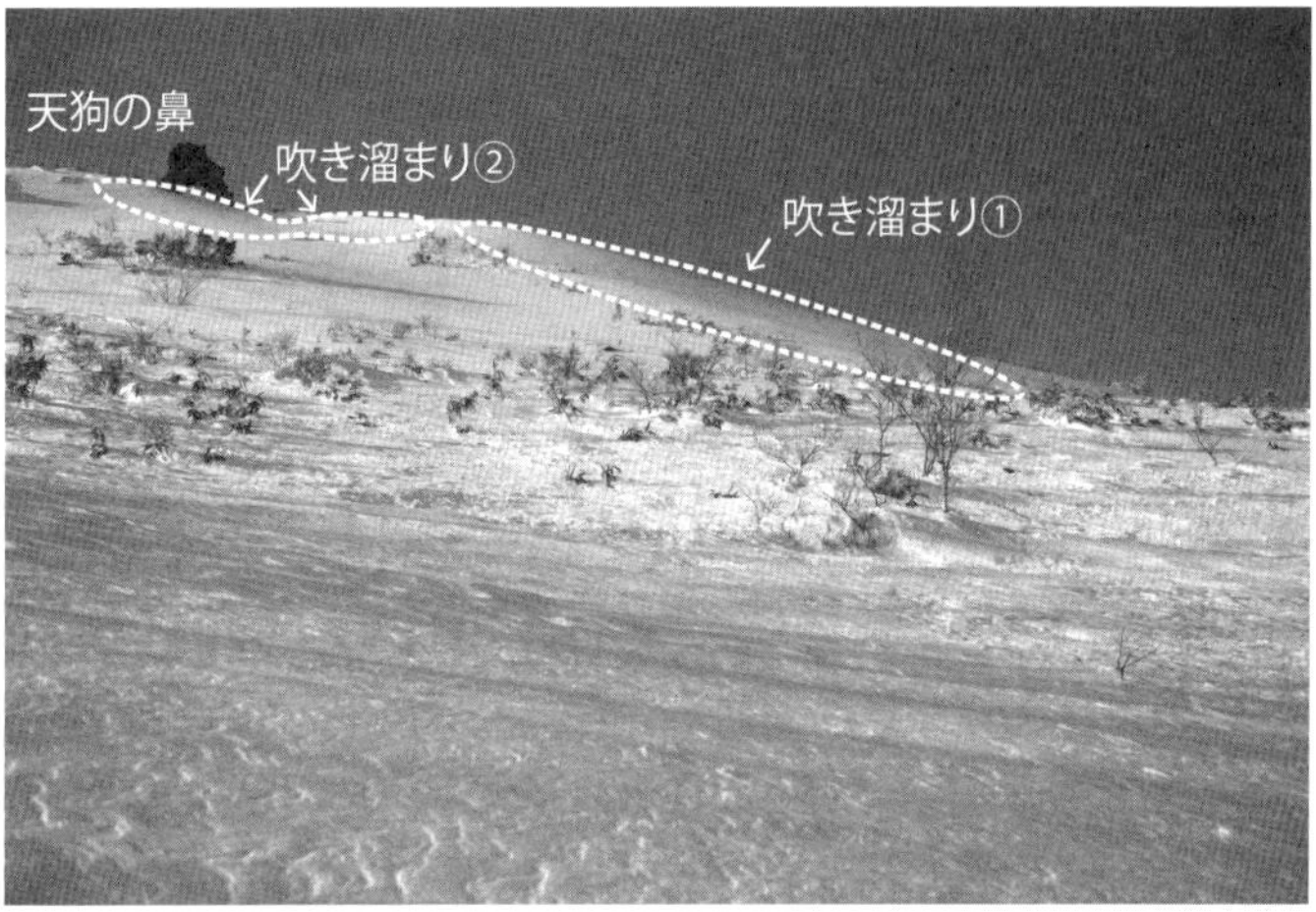

天狗の鼻直下の斜面にできる吹き溜まりが発達する場所

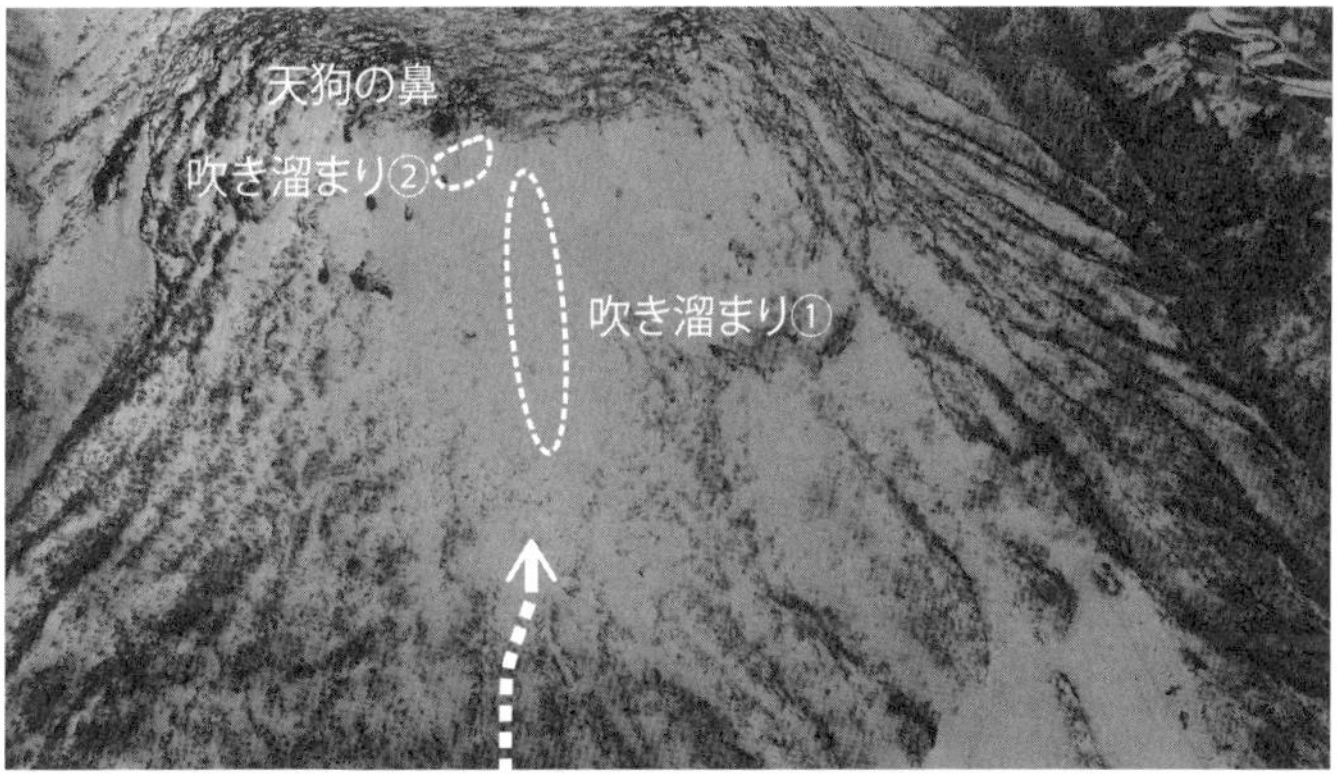

1班大田原高校の進路と吹き溜まりが発達する場所

高校のラッセル痕跡、亀裂、雪崩破断面と思われる痕跡などが浮かび上がってきた。

一班大田原高校のルート

生徒たちがラッセルして登るとき、キックステップをして新雪の下にあるしまり雪に登山靴を蹴り込んでいた。弱層とその上の新雪（上載積雪）は崩れ落ちたが、キックステップの痕跡があるしまり雪は残っていたのだ。一班大田原高校のラッセル痕跡は、主流路の沢と北側の沢の分岐付近から真っすぐ天狗の鼻を目指して延び、左手のハイマツが生えている付近で途絶えている。一班大田原高校が雪崩に巻き込まれたと推測できる場所だ。この位置は、検証委員会報告書よりも生徒たちの証言よりも高かった。

二班真岡高校のルート

二班真岡高校のラッセル痕跡も、画像処理した写真に明瞭に浮かび上がってきた。二班のラッセル痕跡は、渡辺前委員長が報告している場所と違っていた。登ったという支尾根の右側の、

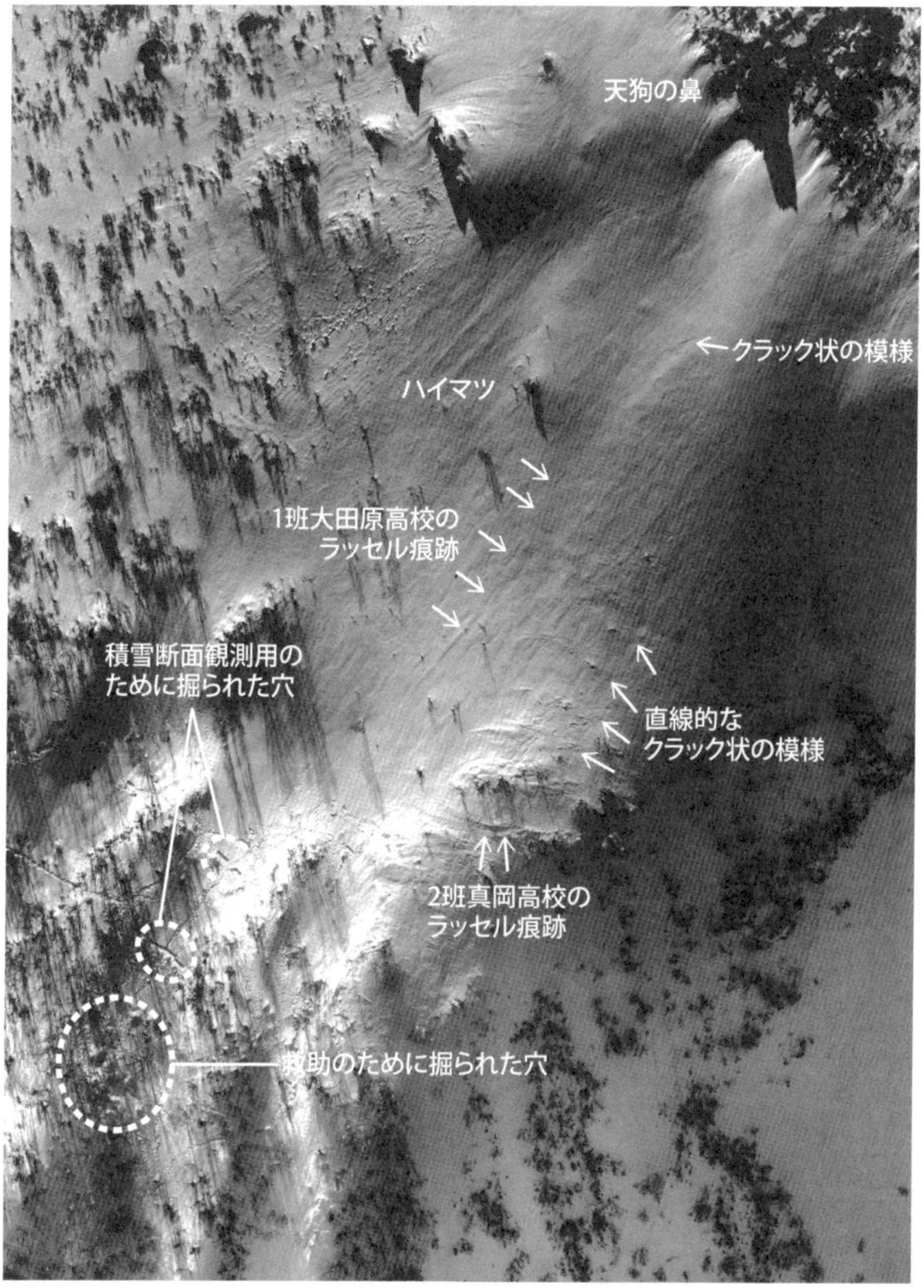

雪面には救助のために掘られた穴が見られる。写真提供＝防災科学技術研究所

木が生えていない斜面にラッセル痕跡が残されていたのだ。支尾根の末端右側の斜面に八名分のラッセル痕跡が確認できる。生徒は八名なので、数が一致する。木の生えていない斜面を登り続け、狭まるところではラッセル痕跡が重なり合い、尾根上に出る直前はさらに傾斜は急になり、斜度四〇度ほどになる。ここにあるラッセル痕跡は六名分だ。体力が劣り、遅れた二名の生徒は、ほかの生徒のラッセル跡を使っているので数は一致する。

尾根の上に幾つかの窪みができていた。遅れた生徒を待っている間、生徒六名と渡辺前委員長は雪を踏みしめ安定した場所を作って立っていたからだろう。ここからラッセル痕跡は、北側の沢上部へとトラバースしていくが、消えてしまう。ここで二班が雪崩に巻き込まれ、流されたと推測できる。

三〇センチを越える大雪、木が生えていない四〇度ほどの急斜面。尾根に出る直前は雪崩の危険性が高く、滑落の危険性もある。那須雪崩事故が起きたあの日に、このルートを高校生たちに登らせるというのは私には考えられない。今年三月中旬、北大山岳部ＯＢの友人たちにゲレンデから斜面を見てもらい、意見を求めた。

「ありえないルート」

という認識で私たちは一致した。

画像解析からわかった1班大田原高校のルート（破線）と検証委員会報告書の先頭位置（×）

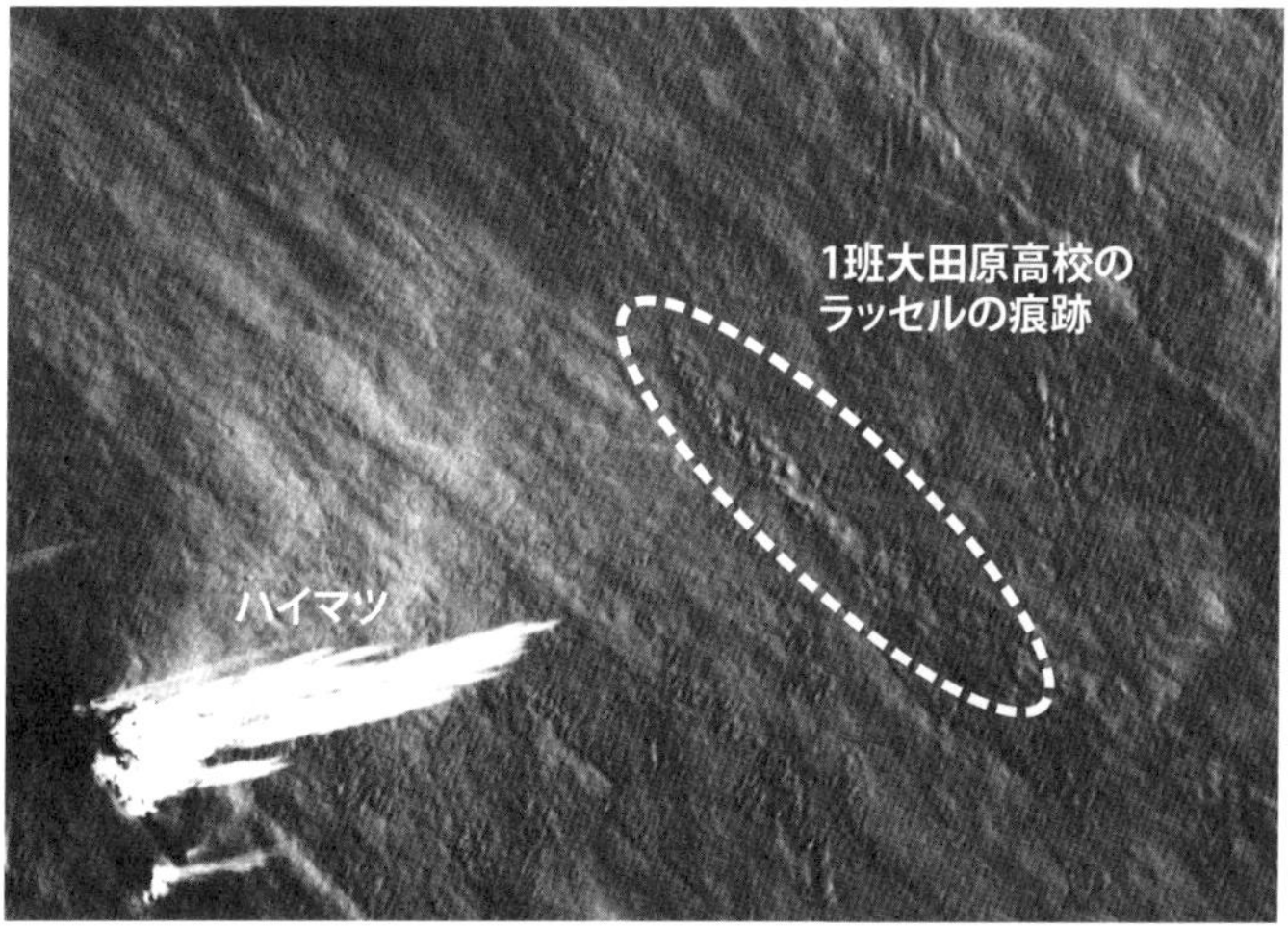

画像処理した写真から浮かび上がった1班のラッセルの痕跡

山岳部主将を先頭、渡辺前委員長を最後尾にして二班真岡高校は下りはじめ、トラバースを開始した。そこは吹き溜まりが発達する尾根状地形の末端付近だ。

一班大田原高校の隊列二番目の生徒の証言だ。

「自分が見たときには、(二班は)尾根から尾根へ移るために沢を渡っていたと認識しています」

一班大田原高校と二班真岡高校の距離は、およそ九〇メートルの位置関係にあった。

一班の上方に亀裂らしい痕跡が見える。馬蹄形をした色濃い部分が、画像処理した写真に浮かび上がっている。これが、雪崩の破断面ではないだろうか。一班と二班の間の尾根状になった斜面には、真横に延びる亀裂の痕跡が十本以上見える。この亀裂の痕跡は、二班の位置より下方にもある。

「たまたま振り返っていたところ、亀裂が、右後ろからバーッと自分よりも上まで入ってきました」

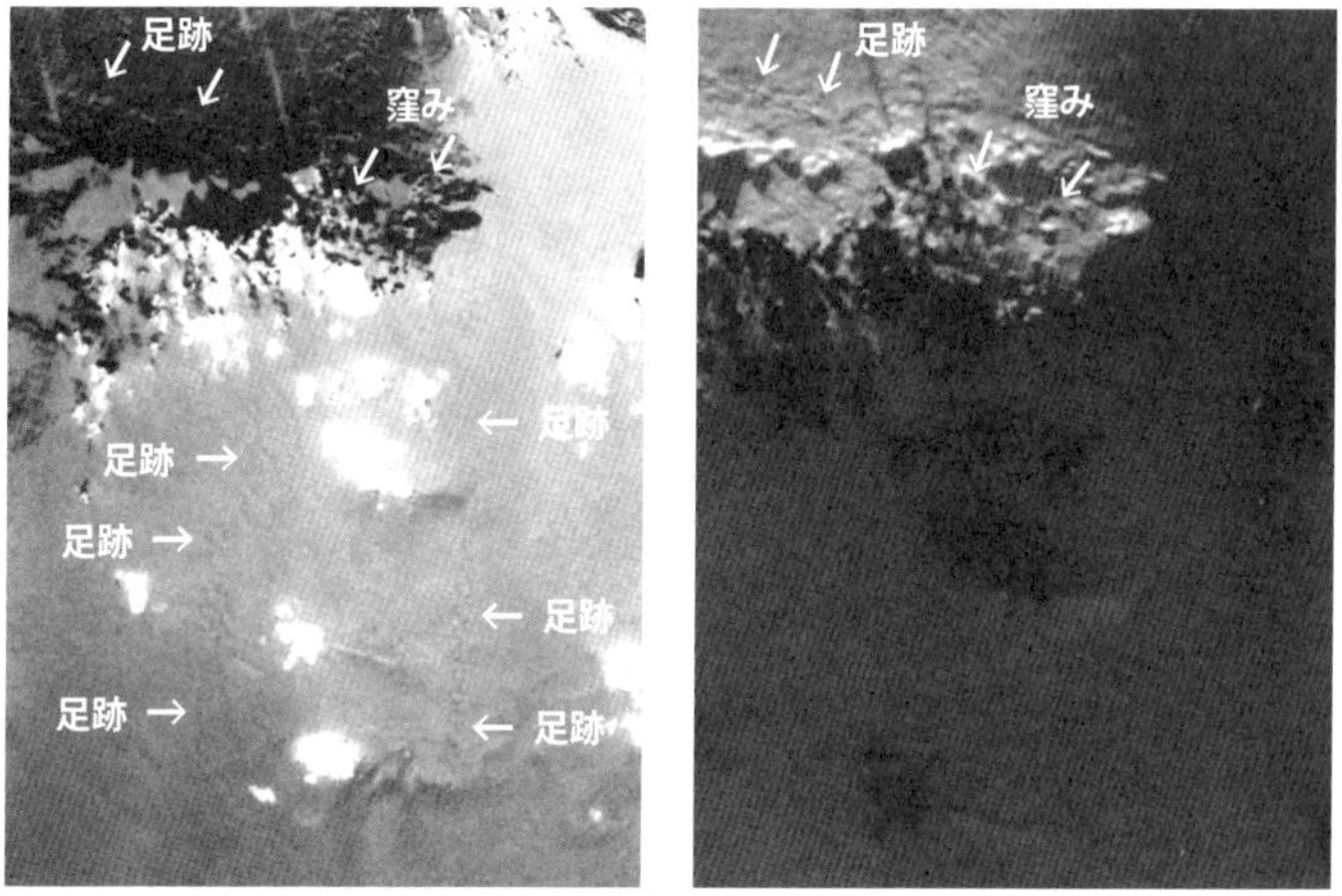

尾根直下と尾根上の2班真岡高校のラッセル痕跡。画像処理したネガタイプ（左）と色補正した写真（右）

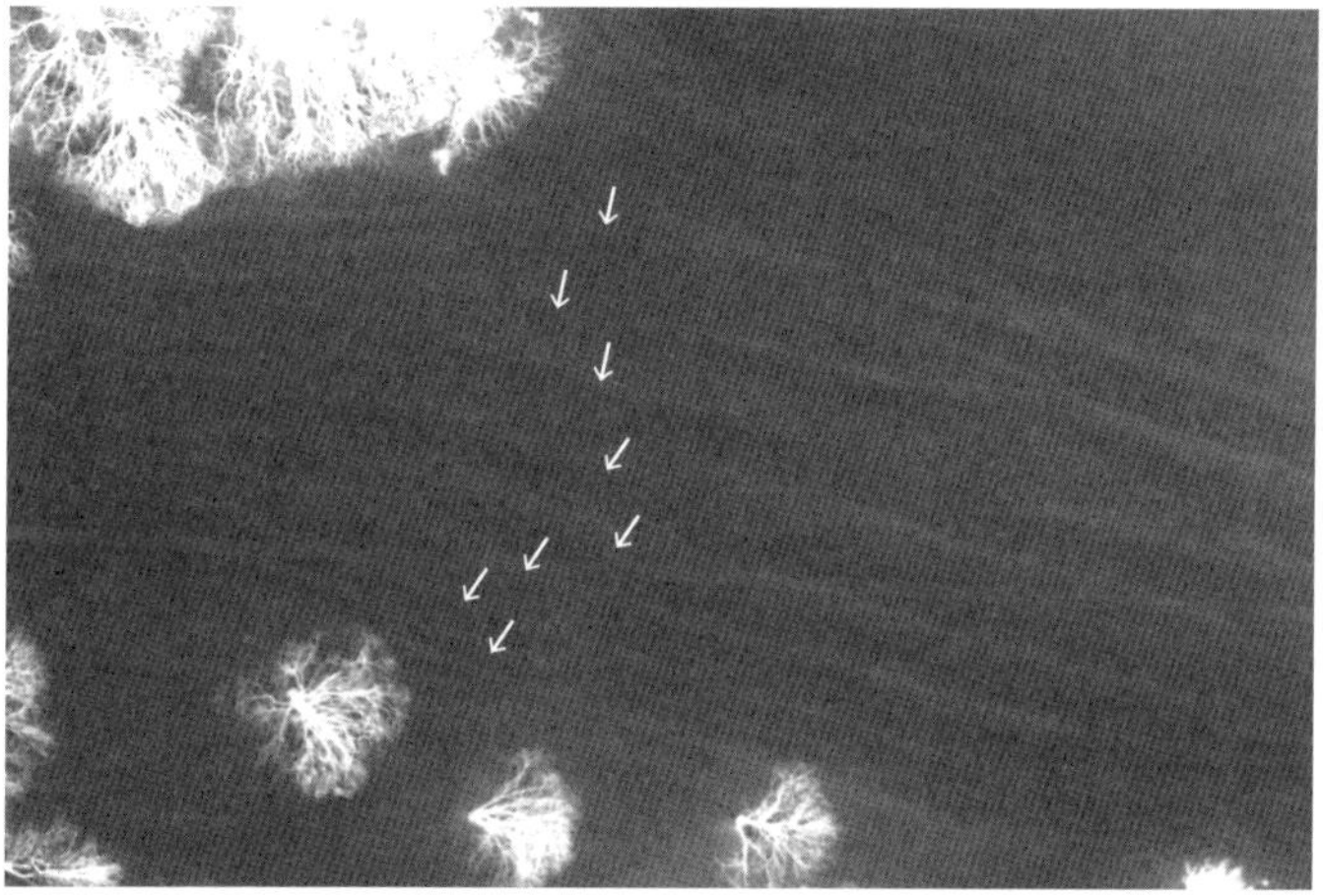

支尾根取付近にあった2班真岡高校の8本のラッセルの痕跡。写真提供＝防災科学技術研究所

隊列二番目の生徒が目撃した亀裂なのだろうか。それともこの亀裂は、雪崩発生後にできたものなのか。判断することはできない。

浮かび上がった痕跡が雪崩の破断面とすれば、ここが雪崩発生場所になる。

隊列七番目の三輪浦さんの証言、「二時の方向二〇～三〇メートル」、隊列八番目の生徒の証言、「一時の方向、七～八メートル」とも一致する。

雪崩は、一班大田原高校の右上斜面で発生していたと推測できるのだ。

亀裂が下から一班の上まで上がってきたという証言。亀裂が一班より上まで達したが、何も起きなかったわずかな時間。このわずかな時間に、一班上部の雪面が破断したのではないか。だから生徒たちは、地面がずれるような感じを受けたのではないか。

雪崩は自然発生ではなく、人が斜面に入ったため発生した人為雪崩の可能性が非常に高いと思う。これは、今後科学的な検証を経て、はじめて結論できることだろう。そして、雪崩を誘発したのは一班大田原高校なのか、二班真岡高校なのか——。結論を出すには、やはり科学的な検証が必要だ。雪崩発生直前の状況を知るためには、渡辺前委員長と二班真岡高校の生徒たちへの聞き取り調査が不可欠だ。でなければ、那須雪崩事故の真相は明らかにならないと思う。

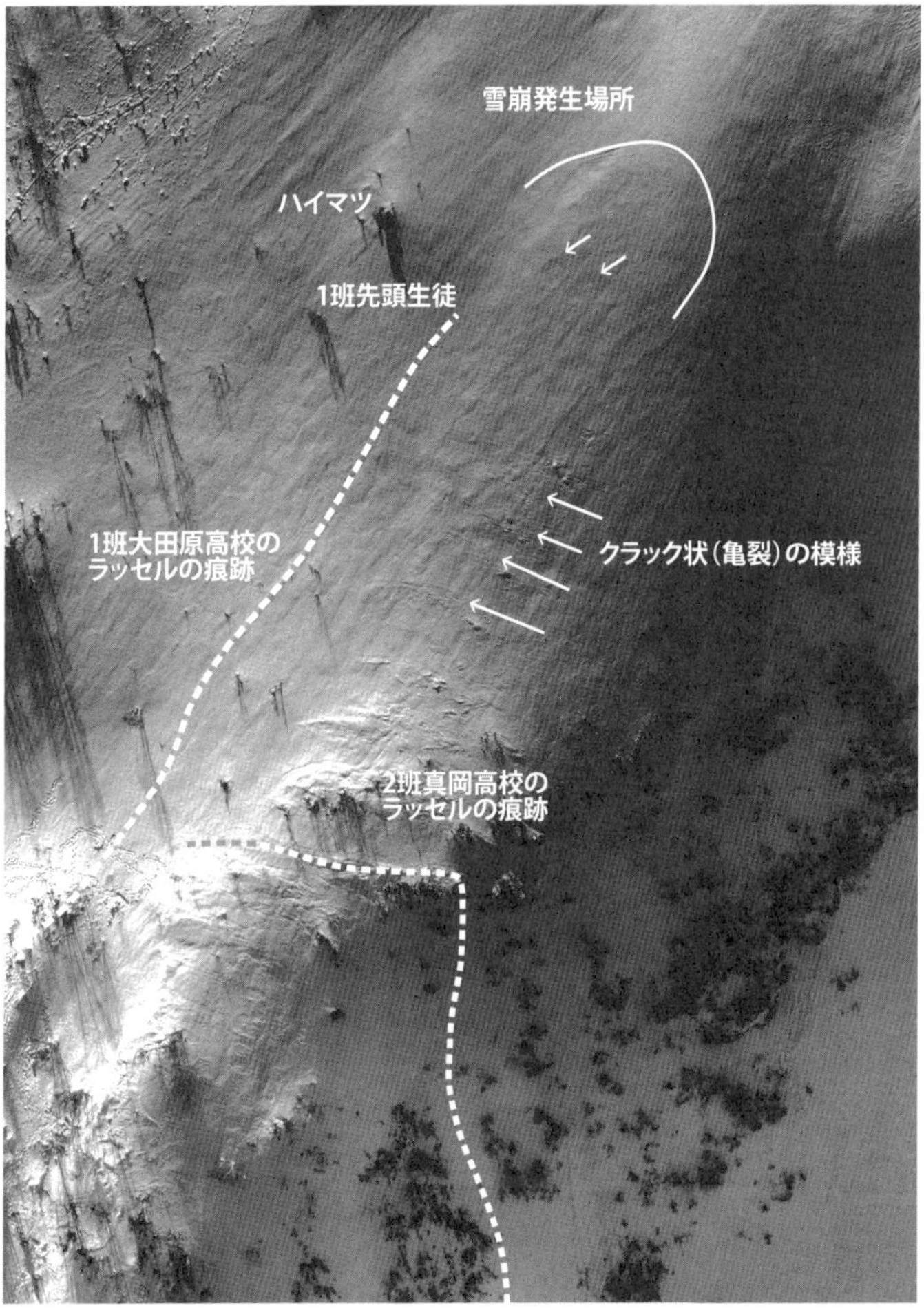

雪崩発生地点とそのときの1班、2班の位置。写真提供＝防災科学技術研究所

破断面

那須雪崩事故の翌年の一月、「天狗の鼻」下の斜面に自然発生した雪崩の破断面ができていた。目撃し、写真を撮ったのは三輪浦淳和さんの父、望さんだ。淳和さんは、月命日の頃に必ず一本木を訪れ、亡くなった八人の追悼をしている。淳和さんに同行し、この破断面を目撃したのだった。この破断面は、オルソ画像の画像処理からわかった雪崩発生場所まで延びている。

それから二カ月後の三月下旬、この破断面と同じ場所に長大な亀裂が現われた。那須雪崩事故の一周忌の追悼行事が行なわれた三月二十七日には見えていなかった。翌日から雪が解け、少しずつ亀裂は姿を見せ始めた。四月一日に長大な亀裂の全容が現われた。亀裂の南側先端(左)は、ハイマツの茂みに到達していた。この付近が雪崩発生場所だ。

生徒七名、教員一名が死亡、四十名が負傷した那須雪崩事故の雪崩発生場所には、頻繁に亀裂が破断していたのだ。

「銀嶺の破断」は、私たちに雪崩の危険を知らせていたように思う。教員たちがこの「銀嶺の破断」の存在に気がつかなかったことが、非常に悔やまれる。

2018年１月28日に撮影された自然発生した雪崩の破断面（写真提供＝三輪浦望）

2018年４月１日にも長大な亀裂が現われていた

【解説　オルソ画像】

オルソ画像は、写真上の像の位置ズレをなくし空中写真を地図と同じく、真上から見たような傾きのない、正しい大きさと位置に表示される画像に変換（以下、「正射変換」という）したものだ。

オルソ画像は、写された像の形状が正しく、位置も正しく配置されているため、地理情報システム（ＧＩＳ）などにおいて、画像上で位置、面積及び距離などを正確に計測することが可能で、地図データなどと重ね合わせて利用することができる地理空間情報である。（国土地理院ＨＰから引用）

第十章

親の願い、少年の夢

両親の望み

那須雪崩事故から一年、二〇一八年三月二十七日に栃木県教育委員会が主催した追悼式に出席した遺族は一遺族だけで、七遺族が欠席した。欠席の理由は、教育委員会から遺族への追悼式開催の連絡が遅れたからだ。遺族は追悼式開催を報道で初めて知った。教育委員会への遺族の不信感が表面化したのが、追悼式欠席だった。

遺族たちは、宇田貞夫教育長の弔問を望んでいた。しかし、宇田教育長が弔問に訪れたのは、追悼式の後、四月になってからだった。

宇田教育長は、

「命を守れなかったことは、申し訳ありませんでした」

「今日まで弔問に来られなかったことは、お詫びのしようもありません」

そう言って頭を下げたという。

「遺族に寄り添うというのを感じ取れないというか……。〝遺族に寄り添って親身になって〟という言葉は聞くんですけど、では、実際にはどうなのという感じです」

鏑木悠輔さんの父、浩之さんの印象だ。

「〝ちゃんと考えてやっていますから、やっていきますから〟ということは言うんです。〝再発防止策はこういう感じで〟と対策案を説明するけれど、納得がいくような感じではありません」

教育委員会の担当者たちと接しての印象だ。

那須雪崩事故から一年を迎える前、栃木県教育委員会は安全への配慮が欠如していたとして三人の教諭を懲戒処分にした。猪瀬修一教諭（51歳）と菅又久雄教諭（49歳）は停職五カ月、渡辺浩典教諭（55歳）は停職三カ月。この懲戒処分が軽すぎると、遺族側からも批判が噴出した。さらに、遺族の心情を逆なですることも起きていた。

それは、三人の教諭の遺族への弔問だ。渡辺教諭は、事故直後の四月から教壇に立っていた。それなのに弔問に訪れない。初めて弔問に訪れたのは、事故から三カ月後。遺族は不快感を抱いたという。

ミニャ・コンガ遭難の後、私は八人の遺族の家を訪ねることが怖く、かなりの勇気を必要とした。だから三人の教諭の気持ちもわかる。しかし、遺族にどのようなことを言われようとも、弔問は心を込めて行なうべきだ。遺族と向き合い、話し合うことでお互いに理解が深まる。私は今でも、命日が近づくと遺族の家を訪ね、交流を続けている。だから、遺族の気持ちがわかるし、遺族も私の気持ちをわかってくれるようになった。

菅又教諭は、停職処分が解けた二〇一八年秋から教壇に復帰した。このことも遺族の心情を害していた。

三人の教諭は、命日、お盆といった節目に、高体連登山専門部部長である大田原高校の三森謙次校長に付き添われ、八遺族の家を訪れている。二〇一八年八月のお盆に、鏑木さんの自宅を四人が訪れたときの、母、恵理さんの気持ちを尋ねた。

「謝りに来るのはわかるけれど、ただ頭を下げて何の言葉も発しないで、〝すみませんでした〟でだいたい終わってしまう。教壇に復帰するのであれば、どんな思いで子どもたちを教育していくのか。山とどう向かい合い、何を教えるのか。そういうことを、来たときにきちんと聞きたかったです。でも弱い言葉でしか聞けなかったんです。でもね、徐々に日が経つにつれて現場に復帰して、子どもたちと向き合って教育していく間に、教師としてこうあるべきだというのが芽生えてくればいいなと思っているんです。自分の使命というのがね」

恵理さんは、那須雪崩事故の責任を負うべき教諭に使命感が芽生えることを望んでいた。父、浩之さんの望みも同じだ。

「八人が亡くなって……、教育の現場に戻って教壇に立っているわけなんだから、この八人の

生前の鏑木悠輔さん。登校時に

死というのを絶対にムダにしないために、自分はこういうふうに生きていきます、こういう使命があります、というのを本当に聞きたくて……。それが今の望みなんです」

八人が死んだ那須雪崩事故。責任をとるべき教師たちの使命とは何か。遺族たちは、三人の教諭から聞きたいと望み、一人一人と向き合い、話をすることを望んでいる。

対抗心

大田原高校山岳部員は一年生も二年生も、鏑木悠輔さんはみんなといっしょに練習をしないが、いちばん体力があると思っている。

「部活だと練習が面倒くさいと言ってやらないんですけど、実は家に帰ってやっている。運動神経が抜群で、周りには真面目じゃないように振るまっているけれど、中身は真面目です」

同級生の鏑木評だ。

高校総体の県予選に出場する選手は三名。浅井譲さん（隊列一番目）は、瞬発力がある短距離型。隊列二番目にいた選手は、重い荷物を担ぐ持久力と走力のバランスが取れた総合型。部長の大金実さん（隊列三番目）は、持久力が優れ、統率力があるリーダー型。

もし、鏑木さんが選手に加われば、「今年は大田原が真岡に負ける」と他校の教員が噂する下馬評を、ひっくり返すことができるだろう。定められた区間を三人で合計四五キロの荷物を担いで走る競技の新人戦で、二年生が出場した真岡高校山岳部のタイムは五十五分。一年生が出場した大田原高校山岳部は五十分。五分の大差をつけている。二年生が出場すれば、さらにタイムを短縮できる。そして天気図、読図などでミスを犯さなければ、絶対に勝てると二年生たちは自信を持っていた。だが、他校の教師に「真岡に負ける」と言われたことを気にしていたのではないか。講習会初日の夜、温泉に浸かりながら、二年生たちは真岡高校に勝つための作戦を語り合っている。

悠輔には山が合っている

母、恵理さんが語る。

「悠輔は運動神経だけ良かったので、一生懸命やればって言っていたんです。のんびり歩いているとシカに出会えたと言って、写真を見せてくれたことがありました。大会に出るなら練習を一生懸命やる。選手でなければ、のんびり山の中を歩いているときにシカに出会えたりして、俺はこっちのほうがいいんだって言ってたんですよ。だけど二年生の終わりの頃には、三年生も引退して、〝鏑木、一生懸命やろうよ〟、〝鏑木が選手に入ってくれれば、インターハイでも上のほうにいける〟と言われ、やる気になって、ちゃんと練習も行っていたみたいです。勉強も一生懸命やらない子だったけど、勉強もやり始めたんです。本当にここ数カ月だったんですけれどガラッと変わって、部活と勉強を始めました。テスト前でも、TSUTAYAに行ってDVDをたくさん借りてきて見ている感じでした。明日からテストだという日の午後三時頃、部屋に行ったたから勉強してるかなと見にいってみると、寝ていたりして。とらわれないというか、飄々《ひょうひょう》とした子でした」

こんなこともあったという。

「おまえ、ノー天気だな」

と教師に言われると

「うらやましいですか?」

と言い返す。

「そうだな」

と教師が考え込んでしまう。

泥んこになって遊んでいた４歳の悠輔さん

「悠輔には山が合っていた」

父、浩之さんも、母、恵理さんも口をそろえる。

「テントの中で汗臭くたって、寒くたって寝れちゃう感じ」

そんな悠輔さんの姿を見て、両親は「登山は楽しい」と思うようになったという。

死者の魂

恵理さんがミニャ・コンガ遭難のことを聞きたいという。私は体験を語った。ミニャ・コンガで八人が滑落し、一人生き残り、死を覚悟したけれど、命をかけて助けてくれた仲間がいたから私は生還できた。二十数年、遺体の捜索収容を続け、荼毘にして骨を拾ってきた。生と死に向き合う人生だった。死者の魂を感じることがしばしばあった。やがて、私は死者の魂の存在を信じるようになった。

人に寿命があるように、死者の魂にも寿命があるのか。死者の魂の寿命は、生きている者が死者のことを思う限り尽きることはない。死者を思う気持ちが強ければ強いほど、死者の魂は力を得て輝きを増して寿命を長らえる。思ってくれる人がいなくなれば、寿命が尽き、死者の魂は消滅する。だから私は死者のことを思い、祈るようになった。森と山、南極や北極、自然のなかで長い時間を過ごしてきた。人間の存在など儚《はかな》いものであり、自然の力に勝ることなどかなわず、人間は自然の摂理に従順であらねばならないことを悟った。人間が自然を征服することも支配することも不可能だ。人は自然の一部にしか過ぎず、自然と調和することが大切であり、自然には人間の力を超越した何かが存在している。自然界に存在する人間を超越したもの、それが〝神〟ではないか。

死者の魂の存在を信じ、神の存在を感じることにより、私はこころの安寧を得るようになったと思う。

恵理さんは「死者の魂」について、私の考えを聞きたかったのだった。

悠輔さんの魂

ご夫妻は登山を始めていた。その理由は悠輔さんにあった。

「悠輔といっしょに登るという気持ちで、山に登ることで何かわかること、気づくことがあるんじゃないか。そういう思いで登ったりもしています。せっかく悠輔が山登りという楽しみ方もあるんだよと教えてくれた。私たちもね、登山を始めて良かったなというような気持ちになっていけばいいなと思って、ちょこちょこ山登りに行っています。本当は今年かな、悠輔と富士山に行こうという話にはなっていました。だからまぁ、いろんな山にちょっとね。いっしょに登るというような気持ちでね」

ご夫妻は白根山を登ったばかりだった。

悠輔さんが亡くなった後、友達がたくさんの写真を届けてくれた。それらの写真は自宅の居間に飾られていた。

「悠輔が行ったのは春だったんですけれど、絶対に白根山の五色沼へ行きたいねと前から言っていたので登りました。悠輔の見た景色、同じ景色を見たくて登っている感じですね。悠輔もこの道を歩いたなとか。そして、写真と同じ場所を探し、同じ所で写真を撮るんです」

恵理さんが、悠輔さんが写っていた五色沼の畔に立つ浩之さんの写真を見せてくれた。

「山へ行くたびに涙が出たんですけれども、やはり気持ちの切り替えというか。山が悪いわけではないからと、自分に言いきかせています。悠輔が写っている写真を見るだけで辛かったですからね」

ご夫妻は、悠輔さんが亡くなった茶臼岳に幾度も登っていた。

事故から１年、春がめぐってきた山麓から望む那須の山々

日光白根山・五色沼の同じ場所で撮影した写真。左は父浩之さん、右は悠輔さんと先輩（左）

「最初は泣きながら登っていたんです。悠輔に会いにいくという感覚でしたから、行けたと思います。茶臼岳で、あー、やっぱり悠輔がいたんだと感じました。それで山へ悠輔に会いに行くようになったんです」

なぜ、悠輔さんの存在を感じたのだろう。

「悠輔さんの魂を感じました？」

「そうです」

「茶臼岳で？」

「そうですね。それで、行くたびに天気がいいから、悠輔が絶対に守ってくれていると思っています」

私のトムラウシ山

私が初めてトムラウシ山（二一四一メートル）に登ったのは大学一年、十九歳のときだ。もう四十七年も前のことになる。富良野岳から入山し、十勝岳、オプタテシケ山、トムラウシ山、化雲《かうん》岳、石狩岳、ニペソツ山と、北海道の中央部に連なる山々を八日間かけて縦走する計画だった。最初の富良野岳の登りから重荷にあえぎ、トムラウシ山までの起伏が大きくて長い道のりに消耗した。私は毎日、疲労困憊していた。二五キロの重荷を担ぐのも、山を縦走するのも生まれて初めてだ。

それでも四日目にトムラウシ山頂に立つことができた。歩いてきた富良野岳から続く稜線。これから歩いて行く石狩岳、ニペソツ山への高低差が激しい長い道。雄大な北海道の山脈《やまなみ》が広がっていた。憧れていた北の山。「はるかなる北の山」の真っ只中にいる喜びを感じた。

地下足袋に草鞋《わらじ》を付け、化雲内沢からトムラウシ山へ。沢を下りトムラウシ川源流へ。温泉が自噴する地獄谷でキャンプして、幾つかの沢を巡る。オショロコマが入れ食いで釣れ、焚き火で焼いて食べた。

高山植物が咲き乱れるトムラウシ山周辺で、気ままに過ごした夏の二週間。ナキウサギ、オコジョ、そしてヒグマ。いとも簡単に北の野生動物に出会えた。トムラウシ山が大好きになった。

山スキー部四年目の正月。ニペソツ山から石狩岳、そしてトムラウシ山へ縦走した。地獄谷にキャンプして、厳冬のトムラウシ山頂に立った。パウダースノーを滑降して地獄谷のテントに戻れば、焚き火を囲み仲間と祝杯をあげた。この山旅は十日間をかけたけれど、一人の登山者に会うこともなかった。北海道らしい〝原始の山旅〟だった。私が好きな山、それがトムラウシ山だ。

少年の夢はトムラウシ山

二〇一八年春、大田原高校三年生になり、第三十八代山岳部部長になった三輪浦淳和さんがトムラウシ山に登りたいという。登りたい理由をブログ「山の羅針盤」に書いている。

「日本百名山の一つ、トムラウシ山。標高は二一四一メートル。標高だけ聞くとあまり難易度が高そうではありませんが、大雪山系の奥深くにそびえていることから、昔から『神々が遊ぶ庭』として崇められ、特に二〇〇九年の大量遭難事故で山に興味がない人でも名前だけは聞いたことがあると思います。トムラウシは、僕が山に関心を持つ前から知っていた数少ない山の一つです。この山の壮大な景色の写真を目にする機会があり、『行ってみたいなぁ』とぼんやり思っていました。山をやるようになってから、トムラウシに行かれたことがある方から、お話を聞いているうちに登りたい山の一つとして自分の中に明確に残ることになりました」

私は淳和さんに約束をした。

「トムラウシ山へいっしょに行こう」

はるかなる大雪山系。白雲岳からトムラウシ山を望む

2018年８月、ストーブの炎が暖かい北大手稲パラダイスヒュッテの夜

その頃の淳和さんは、ＰＴＳＤにかなり苦しんでいたように思う。表情に陰りがあった。

少年の夢を叶えるためトムラウシ温泉から入山し、南沼でキャンプ、二泊三日の登山計画を立てた。日帰りでも登れるのだが、天気の良い日に山頂に立たせたい。そうすれば、北海道の中央部に連なる山々を眺めることができる。停滞することなく山頂に立つことができたら、一日は〝神々が遊ぶ庭〟を歩かせたい。八月中旬の火曜日、三輪浦さんが北海道にやってきた。ところが、到着した日から雨が降り出した。数日雨が降り続き、回復するのは週末の予報だ。

北大スキー部創部十五周年記念として、一九二六年に建設された手稲パラダイスヒュッテ。老朽化したので、再建復元されたのが一九九四年。淳和さんに北海道の山小屋生活を体験させようと、市内から車で三十分の手稲山中腹に建つ山小屋に泊まった。八月だというのに、寒くて薪ストーブを焚いた。炎を見つめながら夜を過ごした。

「どうして淳和さんは生き残ったと思う？」

「難しいですね。いろんな人のことを考えると、言葉を選ぶのに……」

私は、淳和さんが話し出すのを待った。

「自分に課しているのは、これ以上、雪崩事故で山で亡くなる方が一人でも減ったら良いなと思っています。そのために何かできたらと思っています。それが生き残った意味だと信じて。

2018年８月、トムラウシ山頂上で笑顔の三輪浦淳和さん

登山を止めないという選択をしたので、それは当然の義務だと思う。雪崩で人が亡くなったという話を聞くと悔しいですよね。亡くなった人もそうですけれど、周りの人の苦しみも……」

言葉が続かなかった。三輪浦さんの目に涙が滲んでいた。

入山を二日遅らせたものの天気は回復しない。山頂へ三十分の位置にある南沼で好天を待った。山頂周辺は強風が吹き、西から東へ流れる雲の中だ。しかし、ときおり雲が切れ、山頂周辺が現われる。青空のトムラウシ山頂に立たせたい。日没直前なら、風が収まり晴れるのではないか。私たちは霧の中、出発した。

軽やかな足取りの三輪浦さんは、容易にトムラウシ山に登頂した。憧れの頂に立つと、はにかんだ笑顔を見せた。その笑顔を見て、私はささやかな喜びを覚えた。少年の夢を叶えることができたからだ。私たちは山頂直下の岩陰で、晴れる瞬間を待つことにした。

「晴れる！」

三輪浦さんが岩場を駆け上った。彼が青空の真ん中にいる。ニペソツ山、石狩岳まで青空が広がっていた。三輪浦さんが左手を青空に差し出し、笑顔を爆発させた。なんて素敵な笑顔だろう。この笑顔を見ただけで、トムラウシ山を登った価値がある。

三輪浦さんは、大学へ進学すれば山岳部に入り、登山を続けたいと望んでいる。私は尋ねた。

「これから、どんな登山をしたいですか？」

「恥じない登山をしたい」

「恥じない登山？　どんな登山なの？」

「攻める勇気も、引く勇気もどちらも持って、行った仲間全員で、笑顔で帰って来られるような登山をしたいと思います。それが自分にとっての〝恥じない登山〟です」

「仲間全員で、笑顔で帰ってこられるような登山」。私は、仲間を失った三輪浦さんの心の奥底を知った。大学で、新たな山仲間に出会い、山と自然に親しんでほしいと私は願う。

秋になり、私は三輪浦さんのご家族に会った。

「お母さん、トムラウシ山から帰ってきて、淳和さんはなにか変わりましたか？」

「元気になりました。受験勉強も一生懸命するようになりました」

トムラウシ山の神様は、三輪浦淳和さんに元気を与えてくれたようだ。大学進学の夢はかなわず浪人生になったが、少年は今、亡くなった先輩と約束したアフリカ大陸最高峰キリマンジャロ（五八九五メートル）登頂の夢を描いている。

少年の夢が叶ってほしい。私は願っている。

解説　那須雪崩事故から学ぶこと

雪氷ネットワーク　秋田谷英次

破壊現象を表わす言葉に「蟻《あり》の一穴《いっけつ》」という言葉がある。どんな堅固に築いた堤でも、蟻が掘って開けた小さな穴が原因となって全体が崩壊するという意味である。あらゆる破壊現象に共通する言葉である。数ミリの厚さの脆い弱層（「蟻の一穴」に相当）に外部からの人的刺激で微小な破壊が発生し、やがて全体の破壊を誘発する。雪崩事故の多くは人の行動が原因となっている（図1）。

弱層の種類には「あられ」や「ぬれざらめ」もあるが、発生頻度は多くない。

弱層になる結晶は一週間以上、最初の形を保ち、強度の増加速度は遅い。一方、弱層にならない雲粒付き降雪結晶は、粒子同士が絡み合い、雪粒の形の変化と強度の増加がはやい。雪粒子の形状を現地で観察することは、雪崩の危険を判断する上で重要である。雪の観察には「ルーペ」による目視が必要であるが、雪粒の形状からその性質を読み取るには訓練が必要である。

この後に述べる霜系弱層と降雪系弱層は、アメダス気象データや天気図などからある程度予想できる。気象データ解析として十日前からのアメダス一時間値をグラフ化すると、弱層を形成する特徴的なパターンが見えてくる。最高最低気温や一カ月の長期のグラフからは弱層形成の予想は難しい。

高気圧の圏内では、夜間に放射冷却で冷えることがテレビの天気予報などで話題になる。風

図1　表層雪崩の発生条件

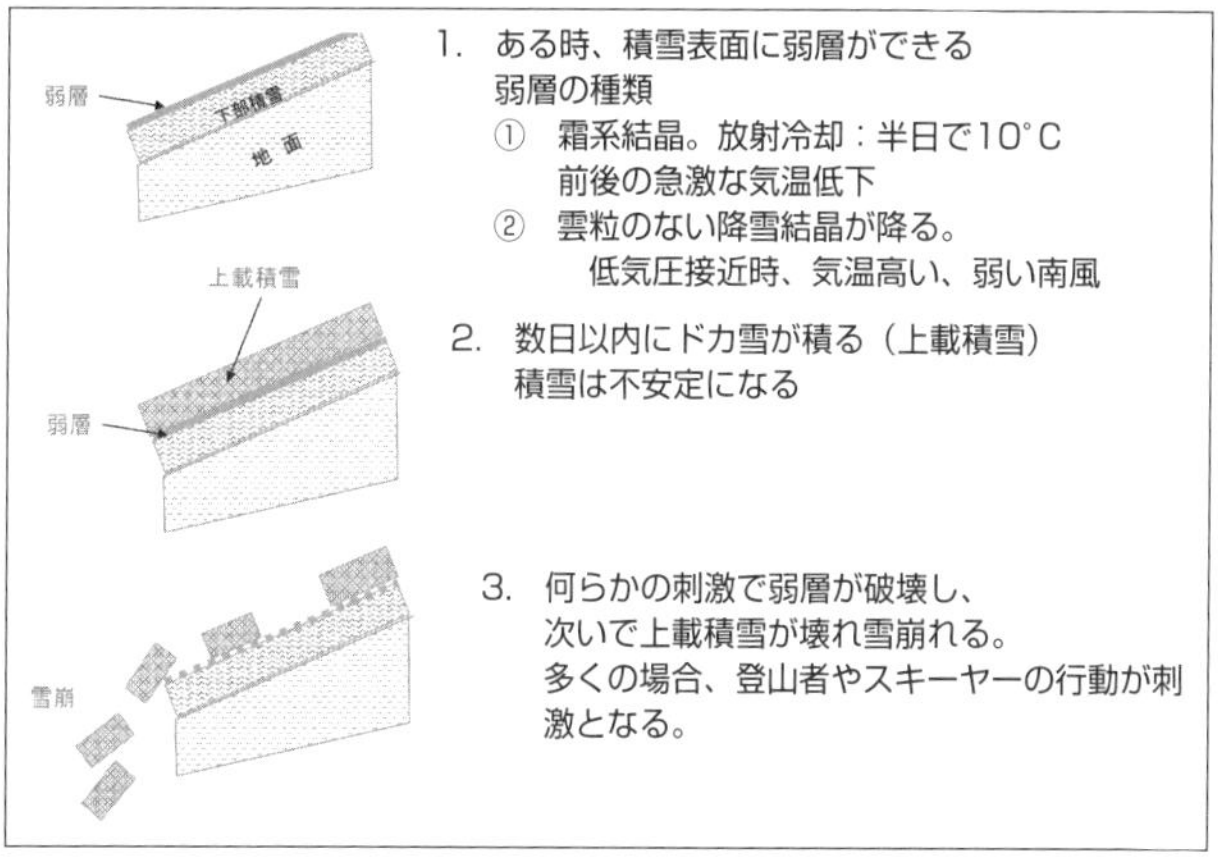

弱層
下部積雪
地面
1. ある時、積雪表面に弱層ができる
弱層の種類
① 霜系結晶。放射冷却：半日で10°C
前後の急激な気温低下
② 雲粒のない降雪結晶が降る。
低気圧接近時、気温高い、弱い南風
上載積雪
弱層
2. 数日以内にドカ雪が積る（上載積雪）
積雪は不安定になる
雪崩
3. 何らかの刺激で弱層が破壊し、
次いで上載積雪が壊れ雪崩れる。
多くの場合、登山者やスキーヤーの行動が刺
激となる。

図2　霜系弱層形成の例（上：気温変化、下：形成された霜結晶）

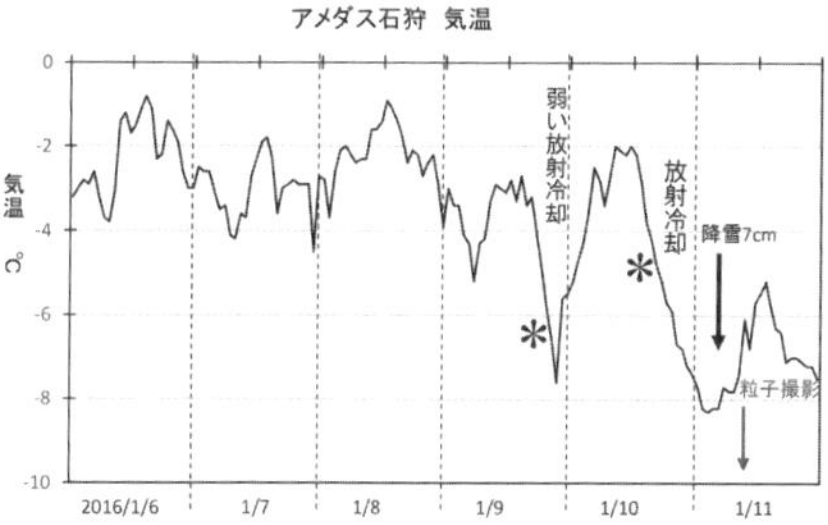

アメダス石狩 気温
気温 °C
0
-2
-4
-6
-8
-10
2016/1/6
1/7
1/8
1/9
1/10
1/11
弱い放射冷却
放射冷却
*
*
降雪7cm
粒子撮影

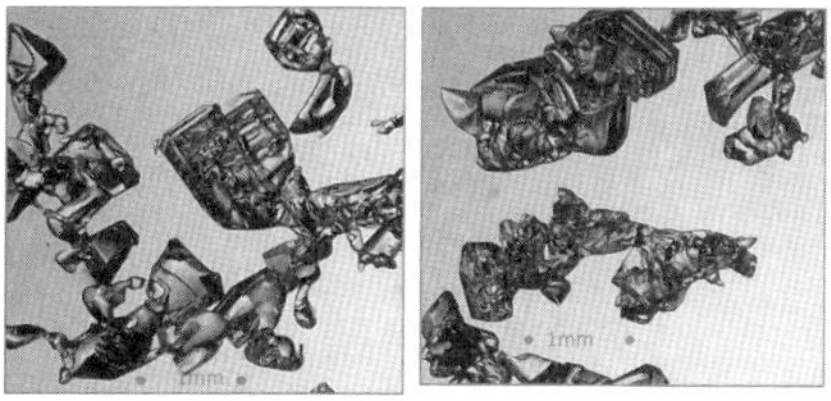

1mm
1mm

新雪の下の雪粒子：しもざらめ雪(角ばっている、脆い)

が弱く晴れているとき、太陽が少し傾くと気温が直線的に下がり、翌朝の日の出とともに気温が上昇する。これが放射冷却で、気温変化の一時間値をグラフにするとよくわかる。途中で風が出たり、曇ったりすると温度低下が止む。強い放射冷却では、十数時間で一〇度C以上の気温低下がある。このようなときには一回の放射冷却で、積雪の表面付近に「霜系（こしもざらめ雪、しもざらめ雪）の雪層」が形成される。高気圧が居座ると数日放射冷却が起こり、積雪全体が霜系の雪となることもある。

図2に示すように、気温の一時間値をグラフ化すると直線的に降下している（図2の二カ所の＊印）。最低や最高気温の数値を比較するよりは、グラフを見るとよくわかる。このときの風速や日照時間もグラフ化すると、風は弱く、前日の日照時間も長くなっていることがわかる。

二〇一七年三月の那須の雪崩事故では、図5に示すように、気温変化に直線的で大きな降下が見られないことから、霜系弱層形成の可能性は低い。

日頃から雪粒子をルーペで観察していると、現地での雪粒子の形状から「霜系結晶」が発達しているかどうかの判断ができる。「しまり雪」や「ざらめ雪」の形状とは明らかに違う。「霜系結晶」は積雪中でも、その形状が一週間以上保たれている。すなわち、いったんこの結晶が形成されると「弱層」となり、多くの場合、雪崩の危険性は一週間以上継続される。

図3の△で示す〇〇岳の南西にある低気圧が北東方向に進んでいる例を考える。

低気圧では左回りの風が吹くので、〇〇岳では最初、南風が吹いている（図A）。南風なので気温は高い。このようなときには弱層を形成する雲粒のない角板や広幅六花のような「高温

図3　低気圧通過による風向の変化

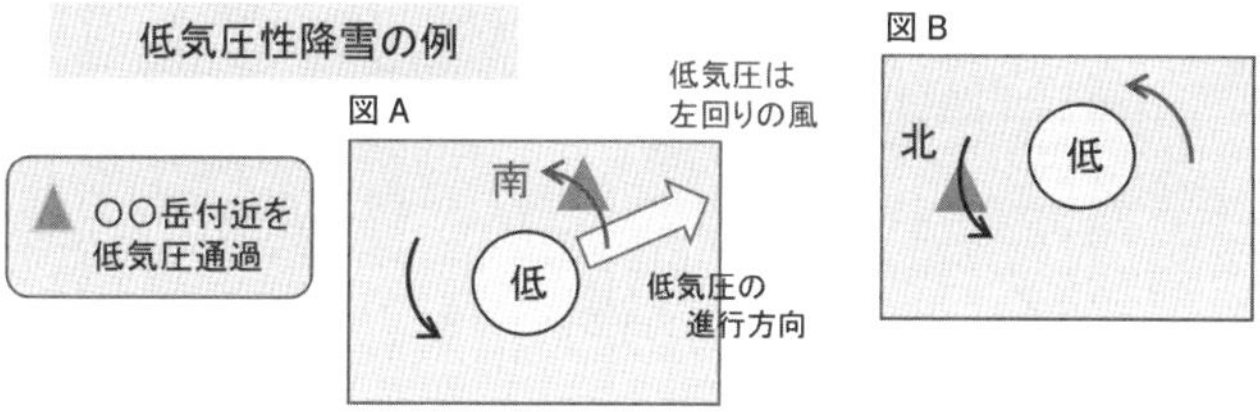

図4　低気圧通過前後の降雪結晶とその後の形状変化

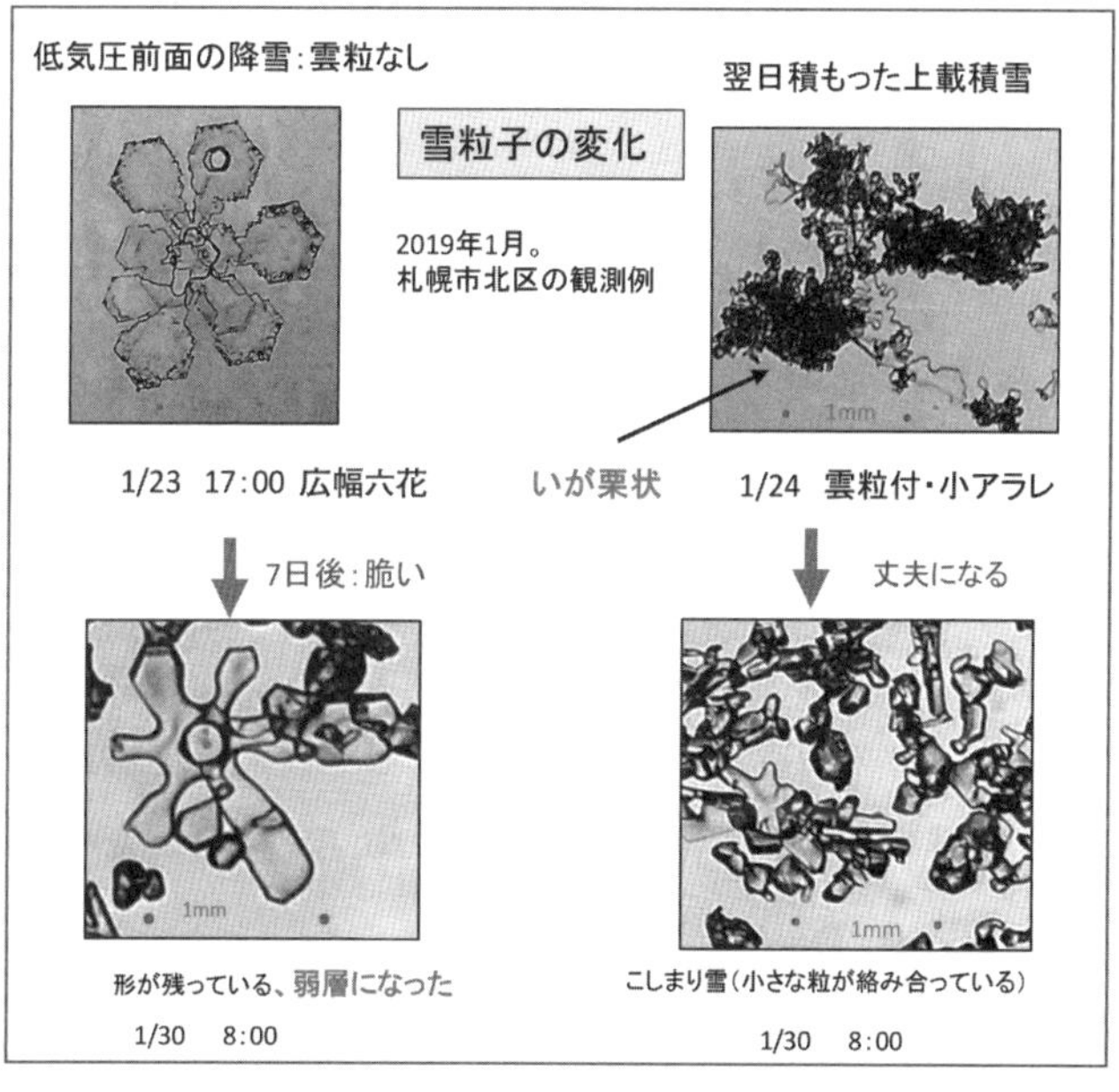

域（〇度C～マイナス四度C」での結晶が降ることが多い（多くの観測事例がある。図4左上）。

　低気圧が矢印方向に進み、〇〇岳の北東に達すると（図B）、〇〇岳では北風となり気温が下がる。低気圧が〇〇岳を通過すると風向が南から北風に変わり、降雪があると、より低温域の樹枝状結晶が降る。このようなときには西高東低の冬型気圧配置となり、雲粒付きの結晶が降ってくる。これが上載積雪になる雪である（図4右上）。

　図5に雪崩発生の前八日間の気象データを示した（二〇一七年三月二十日～三月二十七日）。この期間中、アメダス観測地点の気温は大部分がプラスの温度だが、雪崩発生地点の標高に換算すると、ほとんどが氷点下の気温である。この間、弱層を形成するような低気圧の通過は二回あった。最初は三月二十一日で低気圧が本州の太平洋岸を北上していた。三月二十一日午前から雪が降り出し、南風で気温が高く風速は小さい。これまでの観測事例から、このようなときには雲粒のない降雪結晶が降ったことが予想できる。午後になってから、突然風が北風になっている。やがて雪は止むが風速は急に増大している。三月二十一日以降の四日間にはほとんど降雪はない。この間、雪崩発生地点での気温が氷点下なので、表層の雲粒なし降雪結晶は、溶けることもなく、その形はかなり保存されていた可能性がある。これを弱層候補①とした。図4の二〇一九年一月の北海道の例では、七日後でも板状結晶の形は残り（図4左下）、弱層として機能していたのが根拠である。三月二十六日午後からまとまった降雪があった（ドカ雪）。この降雪が上載積雪になったものと考えた。

　弱層候補②として三月二十六日の降雪の可能性もある。風向と降水のデータから見ると、弱

図５　2017年３月20日～３月27日の那須高原アメダスの気象経過

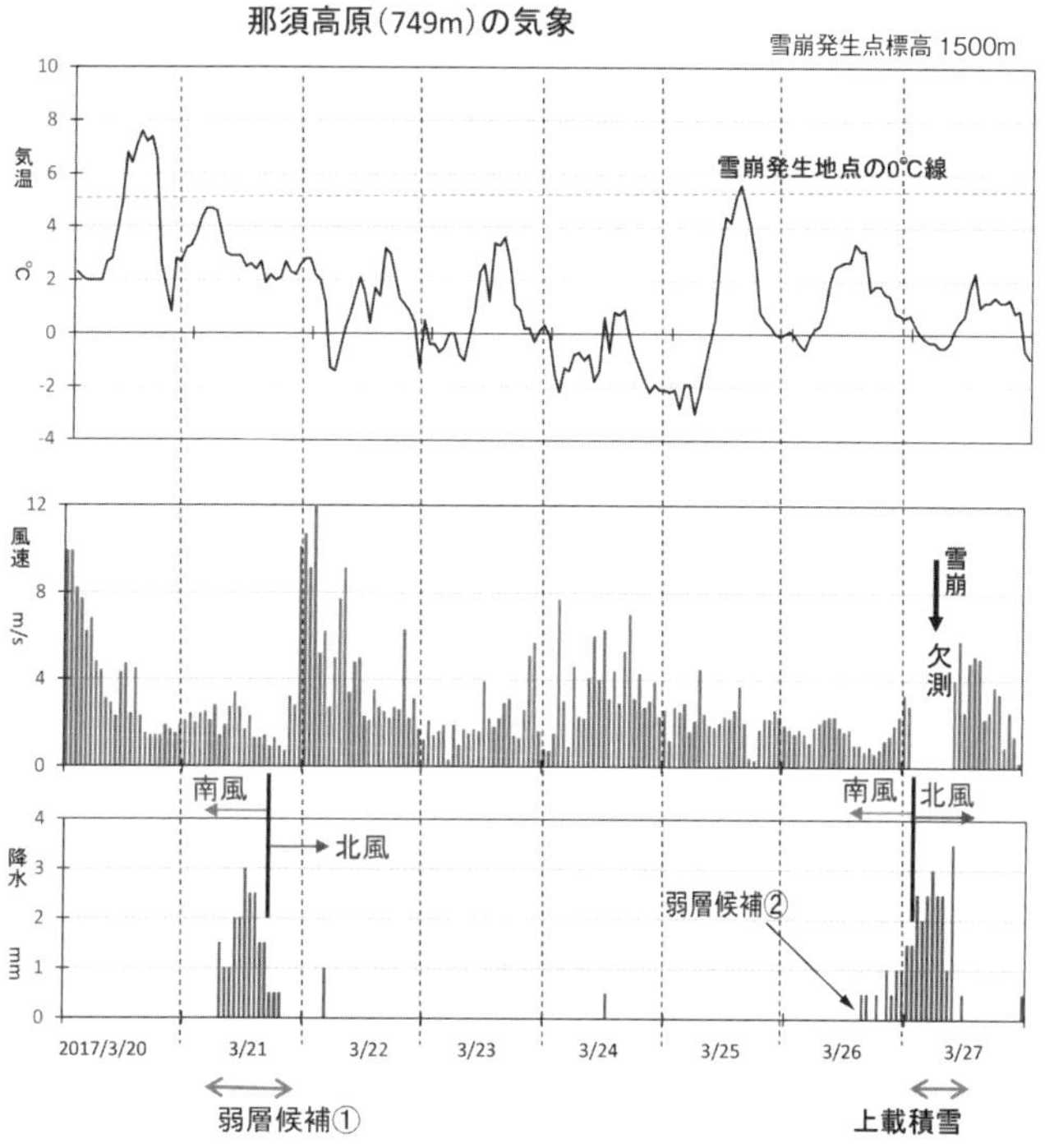

層となる南風での降水は極めて少ない。この降雪に引き続き北風となり、降雪が急増し風速も増している。典型的な上載積雪の積もるパターンである。弱層候補①と②のどちらが正しいかは、現地での積雪観測があると判ることだが、気象データの解析ではこれが限界である。

気象データから積雪構造や雪崩の危険度を予想するよりも、現地での積雪断面観測からの予想がはるかに正確なことは、以下の理由から明らかである。一・気象観測点と雪崩発生斜面とは距離が離れているのが普通である（山の斜面にアメダス観測基地はない）。二・風でいったん積もった雪が移動する（風上で削られ風下に溜まる）。したがって気象データのみでは雪の積もり方は正確にわからない。第五章にあるように、中村一樹氏らは雪崩発生の翌日の三月二十八日、現地調査を行なっている。それによると表面からおよそ二三センチ下に厚さ三センチ、密度五六kg／m^3の雲粒の付着の少ない板状の結晶を観測している。この密度の値は弱風下で積もり、日が経っていないことを表わしている。私が気象データの図から指摘した弱層候補②（三月二十六日最初の降雪）の降水量よりも現地では多くの雪が積もり、今回の雪崩の原因だったことになる。なお板状結晶も日が経つと結晶の角が丸くなることから、ルーペで観察すると新しい降雪か古い降雪かが判断できる。

図4に札幌で観察された低気圧性の雲粒のない降雪結晶（左上・弱層形成）と、その上に積もった降雪（右上・上載積雪形成）の写真を示したが、当時の気象状況を説明する。

二〇一九年一月二十三日、低気圧が日本海を北上。南風で気温が高く、十五時頃には広幅、柱、十六時には砲弾、柱、広幅が、十七時には鼓、柱、広幅が降っていた。一月二十三日十七時の雲粒のない広幅結晶を図4左上に示した。この雪の層は弱層となり、一月二十六日、一月三十日にも観測された。積もってから七日後の一月三十日、この層の雪粒子には、変形はしているが、広幅結晶の特徴が残っていて、他の結晶との結合は少ない（強度が小さい・図4左下）。この低気圧が北上した翌一月二十四日、午前一時には冬型気圧配置となり、気温が低下し、写真右上のような雲粒の集合や小さなアラレが降り出した。これは典型的な冬型気圧配置の降雪タイプである。この雲粒付結晶は「いが栗」状で他の雪粒子とすぐに結合し、強度は増す。一方、雲粒なし結晶の表面は滑らかで、他の粒子と接触する数が少ないので、強度は増えない。一月三十日には弱層テストで顕著な破壊を示した（さっぽろの積雪情報二〇一九　第二六、二七、二八参照）。

　私はこれまで三十年以上も、実際の積雪観測の講習会に数多く立ち会ってきたが、これは危険だという積雪に出くわした例は非常に少ない。だから、積雪観測はムダだということにはならない。一〇〇回の山行で雪崩の危険に遭遇したことはないが、一〇一回目で遭遇するかもしれないのだ。

　雪崩に遭わないためには、あらかじめ気象データをグラフ化して検討する。たとえば、図5はこれまで私が得た知見から、現場の雪を見ずに弱層候補を想定した雪崩危険の検討結果である。また、現地では少なくても一度は雪の断面を調べる。雪の断面を調べるには、それなりの用具の準備と、積雪観測や弱層テストの実地訓練が不可欠である。簡単なテストは十分間でも可能である。

　真実を知りたいとこの二年、那須雪崩事故の取材を続けた。雪崩は人為発生というのが、私がたどりついた結論だ。しかし、科学的な裏付けが必要だ。研究者の新たな検証を待ちたい。検証には、二班真岡高校の渡辺前委員長と生徒たちの証言が重要になる。私は今まで、多くの雪崩事故を取材してきた。雪崩発生のとき異変を感じ、前兆現象を見た人が多い。しかし、二班九人は異変や前兆現象について何も語っていない。

　人が斜面に入ったため雪崩が発生したと考えるなら、一班大田原高校が誘発したのか。二班真岡高校が誘発したのか。新たな疑問が生じる。吹き溜まり斜面へ十四名が入っていった一班大田原高校。吹き溜まり斜面下方を九名がトラバースした二班真岡高校。雪崩を誘発した班を特定することより、雪崩の危険性が高い斜面へ登った講習会のあり方が問題なのだ。

『那須岳雪崩事故の真相』という番組を北海道テレビ放送（ＨＴＢ）で制作し、テレビ朝日系列で放送した。私は本とテレビという二つの手段で、より多くの人に那須雪崩事故を伝えたいと考えている。

防災科学技術研究所が無人飛行機で撮影した高解像度の写真。この写真を画像処理するとラッセル痕跡や破断面の痕跡が浮かび上がった。テレビでは動きがあるCGを使って説明した。本はカラーではなくモノクロ写真のため、痕跡が鮮明に見えない。工夫をしたつもりだが、読者はいまひとつ理解できないかもしれない。けれどもこの写真から、私は真相にたどり着くことができた。現地調査、気象の解析はじめ、防災科学技術研究所の研究者たちの努力と協力に深く感謝したい。

真相へ迫ることができたもう一つの理由は、生き残った大田原高校の五人の生徒が誠実に話をしてくれたからだ。雪崩に流されて埋没、低体温症に陥り、負傷。彼らは亡くなった仲間の最期の姿を見ている。生きていることを責め、自分たちの無知を責め、ＰＴＳＤ（心的外傷後ストレス障害）に苦しんでいる。それでも語ってくれた。彼らは那須雪崩事故が人々の記憶に留まり、雪崩事故防止を願っている。私は彼らの勇気を称え、彼らの協力に感謝する。

一九八一年五月十日。私はミニャ・コンガで八人の滑落を目撃し、私自身も死を覚悟した。氷河で遺体を捜すとき、私はいつも怒りの感情を抑えていた。不可抗力の事故ではなく、過失によって八人が死んだからだ。事故の原因を理解せず、責任を果たさない組織と個人。それらへの怒りが私に渦巻いていた。バラバラになり、ミイラのようになった遺体。腐敗した遺体。遺体が放つ死臭。私は丁寧に遺体を焼いて骨にした。焼ける遺体から、決して目を背けなかった。八人を自然に還す責任と使命が私にあるからだ。私は、遺族の哀しみと苦悩をずっと見守ってきた。亡くなった者たちの無念さも想う。山へ行く者は、生きて還らなければならない。栃木県教育委員会、高体連登山専門部、教員たちは、事故の原因を究明し、責任を明らかにし、責任を果たし、再発防止の行動をとらなければならない。これができなければ、遺族の怒りは鎮まらないだろう。

那須雪崩事故に関わった教員の使命はどうあるべきか。教員たちが、自分に課された責任と使命を考えてほしい。刑法上の責任は法律が定めるが、倫理的な責任は定めがなく、それぞれの教員が考えるべきだ。講習会に関わった教員たちが苦しんでいることを、私は十分に理解する。だが、怖れることなく責任を果たしてほしい。

栃木県の高校山岳部の活動は、非常に特殊で保守的だと感じる。勝つことを優先すれば、安全が軽視される。登山を点数で評価して、何の意味があるのだろう。登山を競技にする必要があるのか。今、自然と触れあい、山に登りたいと思う若者が増えている。高校山岳部の活動目的が競技や自然に触れあうなど、多様であっても良いだろう。競技を重視するなら、スポーツクライミングやボルダリングを活動に取り入れることもできる。登山専門部の教員たちは、指導教員の減少、実力低下を憂う。その原因に登山専門部が五年おきに派遣してきた海外登山の中止をあげる。国内の山を登っても登山の実力は高められる。登山専門部で派遣すれば、教員たちは一カ月半も仕事を休む大義名分が立つ。海外の山を登りたいという自分たちの欲求を実現するため、山岳部の活動を利用していたと思われても仕方がない。栃木県の高校山岳部のあり方を考えるときが来ている。

遺族の人たちは、菅又教諭は自分が犠牲者だと思っているように感じると言う。私は菅又教諭に〝犠牲者〟と感じる理由を尋ねてみたい。那須雪崩事故の真相が、そこに隠されているという予感を抱く。

雪崩事故を防止するためには、雪崩教育が重要だ。今年三月、私が代表を務める雪崩事故防止研究会は講演会を大田原市で、講習会を雪崩事故現場が望めるスキー場で開催した。やがて栃木県や本州における雪崩事故防止に貢献できると信じ、今後も継続したいと考えている。

最後に、取材に協力をしていただいた遺族の方々、大田原高校山岳部の生徒、ＯＢならびにご家族、教育関係者、那須山岳救助隊に心からお礼を申し上げる。そして、私は八人の死後の魂が安らかなことを祈る。

ミニャ・コンガで八人が滑落した五月十日に

阿部幹雄

【参考文献】
雪崩事故防止研究会編『雪崩教本』山と溪谷社（2018）
上石勲（研究代表者）「２０１７年３月27日の栃木県那須町で発生した雪崩に関する調査研究」（2018）
栃木県教育委員会「平成29年３月２７日那須雪崩事故検証委員会報告書」および調査資料、聴取記録（2017）
荒木健太郎「低気圧に伴う那須大雪時の表層雪崩発生に関わる降雪特性」『雪氷』（2018）*80*, 131-147p

＊

【第五章】
阿部修・中村一樹・小杉健二「２０１５年に山形・宮城両県で発生した表層雪崩」防災科学技術研究所主要災害調査、（2016）*49*, 107-114p
上石勲・中村一樹・安達聖・山下克也「２０１４年２月の南岸低気圧による降雪による雪崩被害と関連する大雪被害」科学研究費助成事業（課題番号 259003）研究成果報告書、（2014）119-125p
上石勲・中村一樹・安達聖・山下克也「２０１４年２月の南岸低気圧による降雪による雪崩被害」『防災科学技術研究所主要災害調査』（2016）*49*, 31-37p
中村一樹・佐藤友徳・秋田谷英次「降雪系弱層形成時の気象の特徴」『北海道の雪氷』（2013）*32*, 14-17p
中村一樹・上石勲・阿部修「２０１４年２月の低気圧の降雪による雪崩の特徴」『日本雪工学会誌』（2014）*30*, 106-113p
日本雪氷学会北海道支部雪氷災害調査チーム「２０１３／04―22富良野岳北尾根」【速報】（2013）http://avalanche.seppyo.org/snow/modules/bwiki/index.php?%BB%F6%CE%E3%2F2013%2F04-22%C9%D9%CE%C9%CC%EE%B3%D9%CB%CC%C8%F8%BA%AC%A1%DA%C2%AE%CA%F3%A1%DB（最終閲覧日2019

年3月3日）
成田英器・竹内政夫「すり抜け雪崩と点発生乾雪表層雪崩を分ける雪の安息角」『北海道の雪氷』（2009）28, 33-36p
山口悟・中村一樹・上石勲「2015年1月に多発した表層雪崩災害調査」『防災科学技術研究所主要災害調査』（2016）49, 101-105p

本文組基本設計・装丁
鈴木康彦
カバー写真
毎日新聞社
協力
防災科学技術研究所
写真提供
著者、毎日新聞社、高瀬晶子、鏑木浩之、鏑木恵理、三輪浦淳和、三輪浦望

執筆協力

◎

第5章「弱層は板状結晶」
中村一樹（なかむら・かずき）
一九六八年、北海道天塩町生まれ。名古屋大学大学院理学研究科大気水圏科学専攻博士課程前期修了。現在、茨城県つくば市にある国立研究開発法人防災科学技術研究所気象災害軽減イノベーションセンターのセンター長補佐、研究推進室長（雪氷防災研究センター主任研究員兼務）。雪崩事故防止を含む気象、雪氷災害の軽減に関わる研究と活動に携わる。共著に『山岳雪崩大全』（山と渓谷社）、『雪崩教本』（山と渓谷社）など。

解説「那須雪崩事故から学ぶこと」
秋田谷英次（あきたや・えいじ）
一九三五年北海道生まれ。一九六一年北海道大学農学部卒業、一九六三年北海道大学低温科学研究所助手、同研究所教授、所長。理学博士、北海道大学名誉教授。雪氷災害を専門とし、雪崩の発生機構を研究。一九九七年北海道大学を退職後、山岳関係者の団体で、積雪・雪崩の科学的知識の普及活動を行なってきた。現在も毎年数十回の積雪粒子写真と対応づけた積雪観測を行ない、「雪氷災害調査チーム」のホーム頁で発信している（さっぽろ積雪情報）。著書多数。

阿部幹雄（あべ・みきお）
1953年、愛媛県松山市生まれ。北海道大学工学部卒、札幌市在住。中国の高峰で8人が滑落死する遭難（1981）で生き残り、長年にわたり遺体の捜索収容を行なってきた。新潮社の写真週刊誌『FOCUS』の契約記者としてソ連崩壊や自然を題材にした連載を掲載。2003年から北海道テレビ放送HTBの契約記者。特集ニュース、ドキュメンタリー番組の制作を担当し、「那須岳雪崩事故の真相」（テレビ朝日）を2019年3月に放送。第49、50、51次南極観測隊隊員（2007～2010）。山岳地帯でテント生活をする地学調査隊のフィールドアシスタントとして研究者を支え、安全管理を担当した。仕事のかたわら、雪崩教育や山岳救助に関するボランティア活動を行なっている。雪崩事故防止研究会代表、日本雪氷学会雪氷災害調査チーム前代表。主な著書に『生と死のミニャ・コンガ』（山と溪谷社）など多数。

那須雪崩事故の真相——銀嶺の破断

二〇一九年六月十五日　初版第一刷発行

著者　阿部幹雄
発行人　川崎深雪
発行所　株式会社 山と溪谷社
〒一〇一-〇〇五一
東京都千代田区神田神保町一丁目一〇五番地
http://www.yamakei.co.jp/

■乱丁・落丁のお問合せ先
山と溪谷社自動応答サービス
電話　〇三-六八三七-五〇一八
受付時間　一〇：〇〇～一二：〇〇、一三：〇〇～一七：三〇（土日、祝日を除く）

■内容に関するお問合せ先
山と溪谷社
電話　〇三-六七四四-一九〇〇（代表）

■書店・取次様からのお問合せ先
山と溪谷社受注センター
電話　〇三-六七四四-一九一九
FAX　〇三-六七四四-一九二七

印刷・製本　大日本印刷株式会社

ISBN978-4-635-14024-9